Ben

RARO

Edición a cargo de: Carlos Segoviano
Ilustraciones: Peter Bay Alexandersen

EDICIÓN SIMPLIFICADA PARA
USO ESCOLAR Y AUTOESTUDIO

Esta edición, cuyo vocabulario se ha elegido entre las palabras españolas más usadas (según CENTRALA ORDFÖRRÅDET I SPAN-SKAN de Gorosch, Pontoppidan-Sjövall y el VOCABULARIO BÁSICO de Arias, Pallares, Alegre), ha sido resumida y simplificada para satisfacer las necesidades de los estudiantes de español con unos conocimientos un poco avanzados del idioma.
El vocabulario ha sido seleccionado también de los libros de texto escolares "Línea", "Encuentros" y "Puente", comparado con "Camino" y "Un nivel umbral" del Consejo de Europa.

Editora: Ulla Malmmose

Diseño de cubierta: Mette Plesner

Copyright © Benjamín Prado

© 2000 por EASY READERS, Copenhagen
- a subsidiary of Lindhardt og Ringhof Undervisning,
an Egmont Company.
ISBN Dinamarca 978-87-23-90259-7
www.easyreader.dk

Impreso en Dinamarca por
Sangill Grafisk Produktion, Holme-Olstrup

CENTRALA ORDFÖRRÅDET I SPANSKAN
de Gorosch, Pontoppidan-Sjövall, VOCABULARIO BÁSICO
de Arias, Pallares, Alegre, DICCIONARIO GENERAL DE
AMERICANISMOS de F. Santamaría y DICCIONARIO
MANUAL DE AMERICANISMOS de M.A. Morínigo
se ofrece en TEXTO ORIGINAL ABREVIADO

Índice

Benjamín Prado

El autor de esta novela es una de las jóvenes promesas ya consagradas de la literatura española actual.

Benjamín Prado nació en Madrid en 1961. Se le considera representante de los valores que defiende un buen tanto por ciento de la juventud actual: distanciación del mundo de los adultos que ellos consideran en muchos casos aburrido e hipócrita; desinterés por la política y los políticos y, al mismo tiempo, identificación con iniciativas nacidas de la base; admiración, en algunos casos idealizada, de personajes de actualidad -músicos sobre todo, pero también artistas de cine, deportistas o boxeadores-; falta de fe en la familia tradicional ("hay guerras civiles dentro de la familia") e incluso en el amor duradero ("la decepción surge cuando tratas de conquistar a otra persona a través de la mentira: le haces creer a la otra parte que llevas tres tallas más de las que te corresponden")...

Con su estilo sereno y escéptico, alejado de todo romanticismo, Prado se hace -y nos hace a los lectores- en ésta y en sus otras obras innumerables preguntas sobre el sentido de la vida, preguntas a las que él mismo rara vez encuentra respuestas definitivas: "No hay ninguna verdad que no pueda convertirse en mentira". Y nos enfrenta al mundo de las relaciones humanas, con su mezcla de amor y odio, con sus sorpresas agradables y con sus miserias.

Benjamín Prado comenzó su carrera literaria dedicado especialmente a la poesía: "El corazón azul del alumbrado" (1990); "Asuntos personales" (1991), "Cobijo contra la tormenta" (1995).

También ha publicado varias novelas: "Raro" (1990), "Nunca le des la mano a un pistolero zurdo" (1996), "Dónde crees que vas y qué crees que eres" (1996), "No sólo el fuego" (1999).

Sobre la obra

"Raro" es una novela rebelde y escéptica. En ella se retoma la eterna pregunta del sentido de la vida, enmarcada en el mundo de unos jóvenes adultos que lo buscan pero no lo encuentran.

El personaje que nos narra la historia es, al mismo tiempo, espectador y actor. Se pregunta constantemente si las cosas que le rodean son lo que parecen o todo lo contrario.

El libro comienza y acaba con la historia, y al final la separación definitiva, de sus padres que intentan recuperar algo que en realidad nunca han tenido: "Mi padre era un buen tipo al que el mundo había destruido demasiadas veces y que ahora estaba buscando un atajo que le llevara de regreso hasta su propia vida."

Otros personajes de esta brillante historia son:

- Un hombre que dona su propia sangre para comprarse los discos de los Beatles;
- Un apasionado de Bob Dylan que le sigue por Sevilla con la única ilusión de cambiar un par de frases con él;
- Un fotógrafo argentino que investiga un crimen que parece ocurrir dentro de sus fotografías y que, en sus ratos libres, escribe novela negra;
- Una familia de la alta burguesía que no puede escaparse del corsé de los valores tradicionales y cuyos intereses no van más allá del deporte y el dinero;
- Una mujer que cambia radicalmente su fisonomía para huir de la vida prosaica y burguesa;
- Un amigo que llega a convencerse de que es la reencarnación de John Lennon...

El título de esta novela refleja la búsqueda -sin éxito- de respuestas a incontables porqués que se hace a sí mismo el autor. Algunas citas "raras" pueden aclararlo:

"Todo es muy *raro*. Te pasas media vida tratando de llegar a un punto desde el que no puedas volver y otra media intentando encontrar el camino de regreso."

"El trabajo consistía en matar estorninos. *Raro*, ¿no?"

"La conversación era bastante *rara*."

"Elvis tenía una manera un tanto *rara* de explicar las cosas."

"Tenía uno de esos acentos extranjeros en los que la palabra 'verdad' parece tener cinco erres y la palabra 'raro' menos de dos."

"Pensaba en ellos de una forma *rara*, como un hombre que puede imaginar un río, pero no la manera de cruzarlo."

El lenguaje de Benjamín Prado en "Raro"

Con la lectura de "Raro" el lector no hispanohablante tiene la oportunidad de encontrarse con un expresivo y amplio lenguaje que es, a pesar de su riqueza, fácil de entender.

Se pueden destacar, entre otros, cuatro aspectos cuyo conocimiento será de especial interés para el lector: lenguaje coloquial, lenguaje metafórico, abundancia de paradojas, expresiones que muestran el escepticismo del autor. He aquí una selección.

Coloquialismos
Tirar su vida por la borda.
Moverse como pez en el agua.
Dar a alguien gato por liebre.
Mirar a alguien con cara de pocos amigos.
Ella había ido demasiado lejos con un tío.
Mandar todo al infierno.

Y expresiones populares que hoy difícilmente se pueden calificar de malsonantes, pues las usan indistintamente jóvenes y mayores, mujeres y hombres:
El muy cabrón.
Ese hijo de puta.
¿Qué quieres decir con 'lealtad' y toda esa mierda?
Yo sé lo que quiere ese cabrón. Y se lo voy a dar.
Jódete -dije en español al pasar a su lado.

Metáforas
Uno de esos silencios contra los que se puede jugar al frontón.
La música se extendía como un río por las habitaciones de la casa.
Era demasiada mujer para tanto talón de Aquiles.
Sus ojos parecían una selva sobre la que va a caer una tormenta.
La gente debería saber apagar sus propios incendios.
Aquella soledad parecía un estadio vacío.
Una cara como un buzón al que sólo echan cartas las agencias de publicidad.
Uno de esos tipos a quienes les gusta conducir una apiso-

nadora por encima de tus sueños.

Paradojas

Nadie es tan tonto como para vender a Jesucristo por tan poco dinero.

Con una mujer lo había aprendido todo y con la otra descubrí que no sabía nada.

Lo que no puedo soportar es la poca atención que ella muestra por mi desinterés.

Por muy alta que pongas la música, sólo puedes oírte a ti mismo.

Cuando no sabes adónde ir, siempre llegas demasiado lejos.

Los dos días siguientes fueron el mismo día.

Es uno de esos tipos que sólo te dan las cosas que no tienen.

Expresiones escépticas

Mis padres estaban encerrados en un lugar del que no podían salir.

El que lleva el dinero a casa es el que cuenta los chistes.

Hay mil puertas alrededor pero ninguna tiene la palabra 'salida'.

Ningún tren llega tan lejos como para llevarte hasta donde está una persona que has perdido.

Yo me preguntaba por el sentido de la palabra 'verdad' y de la palabra 'mentira'.

Casi todo lo que intentan enseñarte tus padres cuando eres joven es que no debes ser tan joven.

Aquí no gana nadie, sólo hay unos que pierden más que otros.

Breve resumen de la obra

"Raro" podría definirse como nueve novelas distintas.

El lector puede disfrutar de este libro leyéndolo desde el principio hasta el final y conocer así el mundo en el que se mueven el narrador y sus personajes.

Pero también es posible, si se tiene interés en ello, la lectura por separado de cada capítulo, pues cada uno de los capítulos forma una unidad cerrada en sí misma.

Por este motivo parece conveniente ofrecer aquí, tanto para el estudiante de español como para el enseñante, un breve resumen orientador de cada capítulo, de cada una de estas "nueve historias".

Capítulo 1
El padre del narrador, todavía joven, que en años anteriores ha tenido mucho éxito en la vida, se encuentra de repente sin trabajo. La madre, ama de casa hasta este momento, consigue un trabajo en un colegio. Desde fuera todo da la sensación de estar en orden dentro de la familia, pero el día en que la madre regresa a casa acompañada de un profesor de su colegio se ve claramente que no es así.

Capítulo 2
Tres personajes se nos presentan en este capítulo: Rosalita, la hermana del narrador, que ha tenido una relación con un hombre casado, esá desilusionada y quiere cortar definitivamente. Y Lennon, admirador de Paul McCartney y enamorado de Elvira, quien no le corresponde con su amor. "Hay mil puertas", piensan los tres, "pero ninguna tiene la palabra 'salida'".

Capítulo 3
Dos mujeres en la vida del narrador. Al visitar a la familia adinerada y llena de prejuicios de una de ellas, el narrador se da cuenta claramente de que esa relación no tiene futuro y expresa al mismo tiempo su escepticismo sobre la familia tradicional. Acaba cortando su relación con una y con otra, aunque "cuando pierdes un sueño tienes que buscar el siguiente".

Capítulo 4
Un viaje desde Madrid al norte de España del narrador y su padre. Éste es un entusiasta de los coches antiguos y quiere encontrar algunas piezas que le faltan para uno que tiene en el jardín de su casa. En una parada del trayecto intentan ayudar a arreglar un dinosaurio de un circo ambulante, pero también sin éxito.

Capítulo 5
Teresa, la novia del narrador a quien él llama Tess, y él mismo quieren inventarse, pese a la oposición familiar, una

nueva vida, cambiar no solamente de casa, también de aspecto exterior. No está claro si es un camino para una difícil felicidad o si "eres feliz cuando sabes usar las cosas que ya tienes como si fueran nuevas".

Capítulo 6

Un viaje del narrador con dos amigos y dos amigas con la finalidad de ganar un poco de dinero matando bandadas de pájaros que acaban con los melocotones de una gran plantación. Israel, el organizador del viaje, es un incondicional de los Beatles; su novia Laura no puede pasar un día sin solucionar un crucigrama, otra ocupación sin mucho sentido...

Capítulo 7

El narrador, Cristina y Josu -un incondicional absoluto de Bob Dylan- siguen los pasos del cantante por las calles, los restaurantes, los hoteles de Sevilla. Aunque todo lo que consigue Josu es dar una vez la mano al cantante e intercambiar un par de frases con él, su felicidad tras ese encuentro es total.

---

tonto, que tiene poca inteligencia.

favorito, preferido.

tirar su vida por la borda, figurado: fracasar, no tener éxito en la vida.

moverse como pez en el agua, figurado: solucionar fácilmente todos los problemas.

suscribir, firmar.

Nixon, ex-presidente de Estados Unidos que dimitió a causa del "Watergate".

Washington Post, diario norteamericano que publicó el escándalo "Watergate".

dar a alguien gato por liebre, figurado: engañar a alguien.

liebre: animal semejante al conejo, de orejas largas; *gato*: ver ilustración en página 101.

La suerte le dio la espalda. En algún momento ya no tuvo éxito en su vida.

despedir, aquí: echar a alguien de un trabajo.

derrumbarse, aquí: sentir que se ha perdido todo.

oferta de empleo, anuncio de un trabajo (en el periódico).

hundirse, aquí: sentirse vencido, fracasado.

Capítulo 8
En este capítulo se retoma la relación de los padres inicia-
da en el primero, para contarnos su separación definitiva:
"todo lo que dejas atrás deja de ser tuyo". Y se nos presenta
la amistad del narrador con un fotógrafo argentino que es
un entusiasta del fútbol y que investiga un crimen que cree
haber descubierto en algunas fotografías que revela en su   5
laboratorio.

Capítulo 9
Siete amigos jóvenes contemplando en televisión un combate de boxeo. Un ejemplo típico de intereses divergentes,
de conversaciones que en realidad no tienen lugar, porque   10
cada uno está ocupado exclusivamente con sus intereses
personales. "Pensaba en mis amigos", concluye el relato,
"de una forma extraña, como un hombre que puede imaginar un río pero no una manera de cruzarlo".

                                                               15

1

Sólo los *tontos* creen en sí mismos. Ésa era la frase *favo-*
rita de mi padre. Le gustaba decirla para acabar alguna   20
de sus historias acerca de la manera en que había cons-
truido el futuro con sus propias manos. Una cosa es verdad: antes de *tirar su vida por la borda se movía como pez*
en el agua. No sé si respetaba las reglas, pero conocía
bien el juego. De hecho, otra de sus frases favoritas era: 25

---

listo, inteligente.
girar, dar vueltas, moverse.
encerrado, escondido a la vista.
cuento, narración de hechos fantásticos.
Judas, apóstol de Jesús que le entregó a sus enemigos.
regañar, decir a alguien que ha hecho algo malo.
en broma, no en serio.
presenciar, aquí: escuchar, oír.

sería más fácil *suscribir* a *Nixon* al *Washington Post* que
darme a mí gato por liebre.

Pero lo cierto es que poco después todo cambió; *la
suerte le dio la espalda,* le *despidieron* y *se derrumbó.* Al
principio pasaba las mañanas leyendo el horóscopo y
las *ofertas de empleo,* y las tardes buscando un trabajo
que no aparecía.

-¿Sabes? -decía-. Cuanto más *te hundes,* menos gente
confía en ti; no creen que hayas caído desde alguna parte, sino que siempre has estado abajo; creen que no pueden confiar en ti.

Desde luego, algo había cambiado. Sus viejas ideas
del tipo de "en esta vida sólo tienes que saber dos cosas:
ser *listo* para los negocios y no creer todo lo que te
dicen" parecían no tener que ver ya nada con él. En
realidad, mis padres eran cuatro personas distintas: dos
de ellas decían delante de mi hermana Rosalita y de mí
que el mundo seguía *girando* en su dirección de siempre; las otras dos estaban *encerradas* en un lugar del que
no podían salir. Y ese lugar era cada vez más pequeño y
estaba más oscuro.

Nuestras viejas discusiones intelectuales, como las
llamaba mi padre, por ejemplo cuando hablábamos de
religión, empezaron a desaparecer.

-Pero quién puede creerse un *cuento* como el de
Judas -decía mi padre-. Nadie es tan tonto como para

Las ruedas cambian de dirección. Figurado: La vida cambia de repente.
cariño, aquí: mi amor.
soltar un botón, aquí: abrir un poco (la blusa).
pozo, agujero profundo en la tierra para sacar agua.
el empujón, golpe para apartar o tirar al suelo a alguien.
Thyssen-Bornemisza, conocida familia millonaria.
Nochevieja, último día del año.
arreglarse, aquí: vivir con lo que se tiene, aunque sea poco.

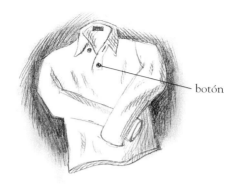

botón

vender a un tipo como Jesucristo por tan poco dinero.

Mi madre le *regañaba en broma* y sonreía. Era una mujer hermosa, con grandes ojos oscuros. Una noche *presencié* desde donde no podían verme una conversación. Estaban en la cocina, él sentado junto a una taza 5 de café y mi madre preparando unos bocadillos.

-Siempre creemos que si no hubiéramos hecho las cosas tal como las hicimos -decía ella-, ahora estaríamos en un sitio mucho mejor, pero estamos equivocados. Pero a veces *las ruedas cambian de direc-* 10 *ción* antes de que todo vuelva a su sitio...

Él seguía en silencio, mirando algo en el fondo de su taza.

-Ven -dijo mi madre-. Julen, *cariño.* -Y *soltó un botón* de su blusa. 15

---

darse prisa, hacer algo rápidamente.
sentir vértigo, sensación de inseguridad cuando alguien está en un lugar alto y piensa que se puede caer.
de puertas para adentro, que sólo interesa a la familia.
cereales, aquí: alimento preparado con trigo, cebada, avena...
zumo, líquido de fruta.
dar la sensación de, parecer.

13

Mi padre siguió callado y ella continuó por el mismo camino; cada vez que soltaba un botón decía: ven, y sonreía. Mi padre se levantó y empezó a cruzar el cuarto.

5 -¡Sabes? -dijo-, es como si todo el tiempo estuvieras corriendo junto a un enorme *pozo* y bastara un pequeño *empujón* para caer dentro de él.

Las cosas no mejoraron para mi padre con el tiempo, pero mi madre encontró finalmente un trabajo como
10 profesora en la escuela elemental, al otro lado de la ciudad.

-Bueno, chicos -dijo al volver de su primer día de trabajo-, no creo que los *Thyssen-Bornemisza* nos inviten a su cena de *Nochevieja*, pero podremos *arreglarnos*.
15 De alguna manera todo había cambiado, aunque seguía en el mismo sitio. Mi madre se levantaba temprano, dejaba café preparado en la cocina, salía de casa, encendía el motor del coche y lo dejaba un rato en marcha, tal vez el tiempo necesario para decirse a sí misma
20 algo como: cuando todo va demasiado rápido, tienes que *darte prisa* si no quieres quedarte atrás. Siempre he pensado que mi madre era mucho menos valiente que sus propias frases, pero supongo que se trataba de su forma de mirar hacia abajo y no *sentir vértigo*.

---

novela, obra literaria en prosa, larga y ficticia.
llevar la voz cantante, ser la persona que manda.
estupendo, muy bueno, magnífico.
el cobrador del gas, persona que recibe en las casas el dinero gastado en gas.
el chiste, frase o cuento que hace reír.
las tetas, popular: pecho de la mujer.
el botón desabrochado, botón abierto.

salchicha

Mi padre se ocupaba del resto, lo que él llamaba "nuestros asuntos *de puertas para adentro*"; nos hacía el desayuno -grandes tazas de cacao con *cereales* y *zumo* de naranja-, nos llevaba al colegio y preparaba la comida para cuando mi madre volvía del trabajo. Si mirabas desde fuera, todo *daba la sensación de* estar en orden, pero bastaba con acercarse un poco más para descubrir que hasta el sentido del humor parecía haber cambiado de sitio. Quiero decir que mi madre imitaba de alguna manera las bromas que mi padre había hecho durante toda su vida, ese tipo de humor inteligente.

-Julen, cariño -le dijo una noche, después de haber estado hablando de que tal vez mi padre podría emplear su tiempo libre en escribir algo, tal vez una *novela*-, ya sé cómo podría llamarse el libro: "El tipo que *llevaba la voz cantante* hace unas *salchichas estupendas*".

El chiste estaba en un juego de palabras con "*El cobrador del gas* cuenta unos *chistes* estupendos", un

letrero, texto breve escrito para que lo vean todos.
"*Se alquila*." Se puede tomar o usar pagando dinero.
se va acumulando, aumenta poco a poco.
Habían dejado de apetecernos. Ya no teníamos ganas de comerlos.
jugar al frontón, jugar a la pelota vasca (contra una pared).
solicitar, pedir.

15

poema de un escritor "underground" que mi padre solía citar. Pero mi padre no tenía aquella noche intención de jugar a ningún juego.

-Yo tengo uno mucho mejor -contestó-: "A la mujer
5 del cocinero le gusta enseñarle *las tetas* a todo el mundo en su trabajo".

Mi madre le miró como si fuese la primera vez que veía a ese hombre, y después se miró de repente la blusa. Me acuerdo que yo también empecé, sin saber bien
10 por qué, a contar los *botones desabrochados*. Tal vez los dos pensábamos que mi padre sólo habría dicho una cosa semejante si esa cosa hubiera sido verdad.

-¿De qué estás hablando?

-¿De qué estoy hablando? ¿Me preguntas de qué
15 estoy hablando? Cariño, voy a ir a la tienda de al lado a encargarte un *letrero* que diga: "*Se alquila*".

Los ojos de mi madre empezaron a llenarse de algo que aún no parecían exactamente lágrimas, algo como la oscuridad que *se va acumulando* lentamente en el cie-
20 lo, sin caer todavía, y los dedos de mi padre empezaron a ponerse rojos alrededor del cuchillo y del tenedor. Luego, cada uno puso los ojos en su plato: las salchichas *habían dejado de apetecernos* y lo único que quedaba era silencio, uno de esos silencios contra los que se
25 podría *jugar al frontón*. Aquella noche todos descubrimos que el que lleva el dinero a casa es el que cuenta los chistes. Todos los demás sólo están allí para decidir si quieren o no quieren reírse.

la canción, texto cantado.
arrojar su sombra, hacer sombra un árbol.
darse cuenta de que, aquí: observar.
darles una respuesta, aquí: solucionar, resolver.
el montón, aquí: muchas personas.
tender puentes, figurado: pensar en personas que no están cerca.

16

charco   acera   acacia

Después de aquello nada fue igual. Mi padre vendió el coche y envió varias cartas *solicitando* empleo, pero nadie contestó y el lugar del coche en el garaje lo ocuparon poco a poco cajas con botellas vacías y ropa vieja. 5

Una de las cosas que no volvimos a oír fue la radio en el cuarto de mis padres. Algunas noches, antes, la dejaban encendida y era hermoso escuchar una *canción* a través de la pared, mientras la música se extendía igual que un río tranquilo por las habitaciones y llega- 10 ba hasta el interior de los sueños.

Tampoco volvimos a escuchar las largas conversaciones sobre nuestras grandes esperanzas, los planes sobre una vida mejor en algún lugar con *aceras* anchas y gran- des *acacias arrojando su sombra* encima de los parques. 15 Dicen que, cuando alguien no tiene nada que darte, te

el conductor, persona que conduce un coche.
el porche, espacio cubierto delante de la entrada de una casa.

ofrece el futuro, pero no es cierto. Lo cierto es que un día *te das cuenta de que* lo malo no son los problemas, sino el hecho de que necesites *darles una respuesta*, y entonces te encuentras en alguna parte mirando la

5 oscuridad, las calles con luz y las casas apagadas, imaginando un *montón* de gente que piensan los unos en los otros, *tienden puentes* por toda la ciudad, de una habitación a otra, de un corazón a otro. Y entonces sabes que estás completamente solo, sin ningún puente que cruzar. Hay una canción que dice: ven aquí, nosotros haremos el resto, el autobús azul nos está llamando, el autobús azul nos está llamando. No sé qué significa; sólo sé que hay un momento en que te das cuenta de

10 que en alguna parte de la ciudad hay uno de esos autobuses azules esperándote. Lo único que tienes que hacer es ir allí y cogerlo.

Una tarde mi madre no vino sola. Un automóvil blanco

15 llegó hasta la puerta del jardín. Mi madre y *el conductor* hablaron un momento, y de repente los dos se echaron a reír, y luego ella salió y comenzó a andar por el camino de arena, moviendo la mano sin mirar hacia atrás. Mi padre estaba sentado en *el porche*, con un libro

20 que decía que la auténtica vida de alguien es a menudo la vida que uno no lleva. Se detuvo junto a él. Rosalita y yo estábamos a su lado.

-Es de la escuela -dijo mi madre-. Julen, creo que

detener, aquí: no dejar entrar.
terminar por, ser al final.
Lennon, aquí: nombre de un amigo que admira a los Beatles, sobre todo a Paul McCartney.
la nieve, agua helada que cae de las nubes.

18

valla

podría ayudarnos -mi padre seguía leyendo-; conoce
mucha gente y cree que hay un trabajo para ti, no
mucho sueldo, pero algo tranquilo.

Mi padre cerró su libro.

-¡Lucía! -gritó el hombre.   5

-En el camino a casa había un *charco* y uno de los
chicos... -comenzó a decir mi padre, pero no continuó
su historia.

Todos miramos a mi madre y después hacia el hombre. Había bajado del coche, estaba de pie junto a la   10
valla y tenía algo en la mano, algo de color rojo. Sé que
todos nosotros hubiéramos querido correr hacia donde
estaba, cerrar la puerta o *detenerle* de alguna manera,
evitar que aquel hombre entrase en nuestras vidas.
Pero el hombre abrió la puerta. Y entró en el jardín.   15

---

barra, en un bar, mesa alargada para las personas que toman algo sin
sentarse.
para ser mi mejor amigo, aquí: aunque es mi amigo.
con cara de muy pocos amigos, con poca simpatía, críticamente.
acabar acostumbrándose (a), parecer normal al final.
efectivamente, en realidad.
Todo él era su talón de Aquiles. Figurado: Era extremadamente sensible y
débil.
distinto, diferente.

2

Todas las canciones *terminan por* ser tristes, por ser como algo que has perdido, pero siempre forman parte de nosotros, como el color azul forma parte de nuestra idea del cielo. Hay canciones que vuelven muchos años después para rompernos el corazón, y hay mujeres que se marchan como si fueran canciones. La historia de *Lennon* y Elvira es una de esas historias.

-Para algunos de nosotros es algo que viste una vez pero no pudiste coger y que no has vuelto a ver nunca más, algo que de alguna manera has perdido antes de que fuera tuyo y desde ese día sabes que el resto no es nada, sólo *nieve* cayendo encima de la nieve, y aunque tengas algún lugar adonde ir hay mil puertas alrededor pero ninguna tiene la palabra salida.

Todo esto me lo dijo Elvira la primera noche. Lennon estaba al fondo de *la barra* y, *para ser mi mejor amigo*, me miraba *con cara de muy pocos amigos*. Por supuesto, Lennon no se llamaba Lennon, pero le llamábamos así porque era un fan de Paul McCartney; al final *acabó acostumbrándose*, se dio cuenta de que para todo el mundo aquel hombre era él y por eso empezó a serlo también

Qué buena está. Popular: Tiene un cuerpo muy atractivo.
El caso es que... En realidad...
Era demasiada mujer para tanto talón de Aquiles. Era una mujer demasiado fuerte para un hombre tan sensible.
golpear, aquí: hacer daño.
interpretar un papel, en teatro, hablar o actuar.
dañar, causar dolor.
caída, aquí: fracaso o falta de éxito en la vida.
doler, hacer daño.
el tren de mercancías, tren para transportar objetos.

para sí mismo; un día sonó el teléfono y dijo: Hola, soy Lennon; y, *efectivamente*, era él.

Lennon siempre fue una persona especial. Era tan sensible que resulta difícil explicar hasta qué punto, pero digamos que *todo él era su talón de Aquiles*. Elvira 5 era exactamente lo con-

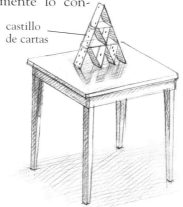

castillo
de cartas

trario, tan *distinta* que lo primero en que pensé nada más verla fue en algo que leí sobre Katharine Hepburn: "Miss Hepburn recorrió todas las emociones del mundo, de la A a la B." Bueno, eso fue lo segundo; en reali- 10 dad, lo primero que pensé fue: *qué buena está*. Es que a veces necesito un poco de tiempo para empezar a ser inteligente. *El caso es que* era una de esas rubias del tipo fuego y hielo, pero enseguida te dabas cuenta de que *era demasiada mujer para tanto talón de Aquiles*. 15

Lo que Elvira tenía que decirte es que estaba al final de

consistir en, ser.
soplar, echar aire por la boca.
tío, familiar, aquí: hombre.
dar la vuelta, aquí: separarse de ese hombre.

algo, que todo es mentira, que con tus sentimientos es con lo que los demás te *golpean* y a ella ya la habían golpeado bastante. Tú pensabas que estaba *interpretando un papel*, aunque no sabías por qué; el caso es que ella parecía
5 tener mucho cuidado de no ser *dañada*, y la gente que verdaderamente ha llegado tan lejos como ella sabe que cuando estás abajo del todo las *caídas* ya no *duelen*.

No sé si a los demás nos gustaba, pero Lennon se metió en una de esas relaciones en las que quieres dar-
10 le a alguien más de lo que quiere coger. Tal vez necesitaba un par de buenos consejos, pero yo no sería mejor en eso que conduciendo un *tren de mercancías*; tal vez estaba equivocado; los tontos son los únicos que no cambian de opinión. Además, Lennon estaba tocando con las manos ese momento en que todo está otra vez
15 al principio, es nuevo, y tú construyes un castillo para tu ángel y en él están las únicas preguntas y las respuestas que necesitas. Tal vez luego vendrá el peso de la vida a derrumbarlo todo, pero os aseguro que, mientras pueda evitarlo, ese peso nunca seré yo. Ya hay demasia-
20 das personas en el mundo a las que sólo les gusta el juego que *consiste en soplar* sobre los *castillos de cartas* que han levantado los demás.

Y, en cualquier caso, tenía mis propios problemas. Mi

acariciar, tocar con cariño.
aparecer, aquí: presentarse, dejarse ver.
selva, bosque tropical.
tormenta, lluvia fuerte con viento, truenos, relámpagos...
la desesperación, sentimiento de haber perdido toda esperanza.
el sabor (*a*), cualidad de alimentos o bebidas (sabor a naranja, a vinagre...).
el muy cabrón, popular, aquí: hombre que obra con malas intenciones.
hijo de puta, popular, aquí: hombre malo o despreciable.

hermana Rosalita había ido demasiado lejos con un *tío*
y ahora quería *dar la vuelta*. Cuando me llamó estaba en
la estación y cuando fui a buscarla seguía allí, sentada
en la cafetería fumando y mirando entrar y salir los trenes. Sus labios estaban pintados de rosa pálido y sus 5
ojos parecían más verdes que nunca.

   -No me quedaré mucho tiempo -dijo-, sólo el tiempo
necesario para dejar que todo vuelva a colocarse en su
sitio.

   -Oye -dije, *acariciando* su pelo-, hay dos mujeres en 10
el mundo a quienes nunca les pondría una condición:
una eres tú y a la otra todavía no la he conocido, pero
espero que *aparezca* pronto.

   Sus ojos parecían una *selva* sobre la que va a caer una
tormenta. Me besó con tristeza y después con *desespera-* 15
ción y, mientras yo sentía sus labios fríos con *sabor a*
tabaco y sus lágrimas calientes rodando por mi cara,
pensé que me gustaría subir a uno de aquellos trenes
para ir a buscar al tipo que le había hecho daño.

   -*El muy cabrón* -dijo Rosalita-, ese *hijo de puta*. 20
   Pero quizá ningún tren llega tan lejos como para lle-

---

imaginarse, pensar.
estantería, mueble para poner los libros.
colgar, aquí: terminar de hablar por teléfono.
la deslealtad, falta de fidelidad.
el contestador, aparato que conserva *mensajes* de teléfono.
así que, por eso.
el mensaje, noticia, información.
A la mierda. Expresión popular para indicar enfado, rabia.
incendio, fuego grande (generalmente en edificios).
de lo contrario, en caso contrario.
mandarlo todo al infierno, figurado: no hacer nada más, olvidar totalmente alguna cosa.
emisora, lugar desde donde se hacen las emisiones de radio.
Es curioso. Aquí: Es raro, extraño.

varte hasta donde está una persona que has perdido.

Una noche Elvira llamó por teléfono.

-Me gustaría hablar contigo -dijo-. Creo que es
5 urgente.

-¿Por qué?

-Digamos que tengo una historia que contar.

-Bueno, todo el mundo tiene una historia. ¿Por qué
no se la cuentas a Lennon?

-Ésta quiero contártela a ti -los dos nos quedamos en
10 silencio-. Sólo tardarás un momento en llegar aquí
-dijo y, mientras me daba su dirección, una plaza al
otro lado de la ciudad, cerca del río, no sé por qué *me
imaginé* que me hablaba desde la oscuridad, en una
habitación pequeña, con *estanterías* llenas de libros, la
15 luz azul de un televisor y un balcón desde donde se
veían los puentes encendidos sobre el agua.

-¿Qué clase de historia? -dije, pero ya había *colgado*.

La verdad es que no sabía qué hacer; me preguntaba
si ir sería una *deslealtad* o un deber hacia Lennon. Le lla-
20 mé por teléfono pero sólo conseguí escuchar a su *contestador*: "Hola, soy Lennon; en este momento estoy
intentando reunir a los Beatles, *así que* deja tu *mensaje*

---

o sea, es decir.

referirse a, pensar en.

tontería, aquí; palabras o comentarios sin importancia.

dar vueltas a, aquí: hablar indirectamente de algo.

el león, ver ilustración en página 65.

el filete, bistec o loncha de carne.

crudo, no cocido.

parecido, aquí: semejanza.

poner la mano en el fuego por alguien, figurado: saber con seguridad que
una persona es buena y dice la verdad.

después de oír la señal". *A la mierda*, pensé, la gente debería saber apagar sus propios *incendios* o, *de lo contrario*, tener cuidado de no encenderlos, y cinco minutos más tarde estaba conduciendo en dirección a la misteriosa historia de Elvira. Paré un momento y compré un par de botellas de cerveza. Pensé si no sería mejor dar 5 la vuelta y *mandarlo todo al infierno*. Puse la radio, una de esas *emisoras* nocturnas donde la gente llama para hablar de sus asuntos y pedir que les pongan discos. *Es curioso*, pero uno siempre imagina a esa gente llamando también desde la oscuridad. Ahora se trataba de un 10 hombre joven y hablaba de alguien que parecía haber muerto.

-Entonces volví al coche -dijo- y ella estaba allí y la música seguía sonando y era lo único real. *O sea*, no es fácil explicarlo, *me refiero a* la misma canción antes y 15 después del infierno -la voz del hombre dejó de escucharse. Verdaderamente, éste es un mundo extraño.

La casa era pequeña y alguien había cambiado todos los muebles de sitio: nada de estanterías con libros, no había televisor y en lugar de balcón había una ventana 20 desde la que podía verse el río, aunque el puente estaba apagado.

Estuvimos un rato hablando de *tonterías*, *dando vuel-*

---

hacer las paces con alguien, tener otra vez amistad con alguien después de una discusión o pelea.

el bidón de agua, recipiente grande lleno de agua.

locutora, mujer cuya profesión es hablar por la radio.

(no) dejar mucho espacio para, aquí: (no) permitir.

pistolero, persona que sabe usar una pistola (ver ilustración en página 50).

zurdo, que usa la mano izquierda mejor que la derecha.

la soledad, falta de compañía.

ginebra, bebida alcohólica.

25

tas al tema de Lennon como dos *leones* alrededor de un *filete crudo.* Cuando Elvira empezó, el hombre del que hablaba tenía con mi amigo el mismo *parecido* que Zsa Zsa Gabor con la Virgen María.

5 -Tengo miedo de que me haga daño. Va contando historias sobre mí.

Estaba seguro de que yo *pondría la mano en el fuego por* Lennon, pero también empezaba a preguntarme si tal vez son precisamente los hombres como él los que 10 hacen que te quemes la mano.

Volví al coche y abrí otra cerveza. Encendí la radio.

-... y voy a añadir algo -dijo una voz-: no *haría las paces con* ese tío ni aunque me estuviese muriendo de 15 sed y él fuera un *bidón de agua.*

O me estaba volviendo loco, o aquélla era la voz de mi hermana Rosalita.

-Caramba, Angie -ahora hablaba una *locutora*-, eso no parece que *deje mucho espacio para* la esperanza.

20 -Bueno -dijo Rosalita o Angie-, pero como dice alguien en una película: nunca le des la mano a un *pistolero zurdo.*

El célebre humor inteligente de mi padre atacaba de nuevo. Aunque tampoco estaba seguro y, tanto si era 25 Rosalita como si no, yo no necesitaba ninguna radio

dar la sensación de, parecer.
antro, aquí: bar oscuro y poco cómodo.
No les quitaba los ojos de encima. Les observaba todo el tiempo con mucha atención.
bombardear, tirar bombas (sobre todo desde un avión).
los aliados, las naciones que lucharon contra Alemania en la Guerra Mundial.
derribar, destruir (aquí: con bombas).
largarse, familiar: marcharse.

para saber que mi hermana se sentía sola; aunque aquella *soledad* parecía un estadio vacío.

La historia de Lennon empezó a parecer verdad pocos días después. Estábamos en un bar escuchando música 5 y bebiendo cerveza con *ginebra* y Lennon le había pedido al disc-jockey Satellite of Love, porque era la canción que Elvira y él habían oído la primera vez -no me explicó la primera vez de qué-. Elvira iba de un lado a otro y *daba la sensación de* tener un minuto para todos los tipos de aquel *antro*, excepto para uno. Ahora esta- 10 ba en una mesa con un negro. Lennon *no les quitaba los ojos de encima* y su cara se parecía cada vez más a Berlín *bombardeada* por los *aliados*. Elvira vino hasta donde estábamos Lennon y yo, encendió un cigarrillo, se inclinó sobre mí, me besó y volvió a marcharse. En la 15 cara de Lennon los aviones rusos *derribaron* las dos últimas casas de la ciudad.

-Tío, no tengo ni idea de por qué ha hecho eso -dije, mientras los dos mirábamos a Elvira *largarse* del bar con el negro. 20

-No está bien -dijo Lennon-, corre todo lo deprisa que puede porque sabe que no va a llegar a ningún sitio. Los dos sabemos que va a morir, que es como

utilizar, usar.
destino, aquí: fuerza superior que decide la vida de una persona.
madrugada, primeras horas de la mañana.
la obsesión, idea fija.
por si, porque quizás.
vigilar, observar atentamente.
Es lo bastante estúpida como para... Es tan poco inteligente que...
aguantar, soportar con esfuerzo.
Se lo tienen merecido. Sólo ellos son responsables de lo que les ocurre.
Nunca llueve a gusto de todos. Los gustos o intereses de unas y otras personas son muy diferentes.

27

cuando conduces más deprisa que una tormenta y llegas a otra ciudad y te sientas en una cama de hotel a esperar que la tormenta llegue a esa ciudad. Y yo sé que no tengo derecho a acompañarla en ese viaje y ella quiere hacerme daño para no destruirme.

Y Lennon siguió hablando y hablando, durante horas; me contó que Elvira tenía una enfermedad, que le quedaban meses de vida; habló de los jardines fríos de los hospitales y de la forma en que un corazón puede romperse y *utilizó* palabras como futuro y *destino*. Y la noche era muy triste y hacia la *madrugada* empezó a llover sobre Berlín y yo no sabía si Lennon era un loco o Elvira era un ángel o tal vez todo era mentira, y recuerdo que quise decir algo, pero para entonces ya había bebido demasiada ginebra...

La radio empezó a convertirse en una *obsesión*. Todas las noches procuraba estar fuera de casa a la hora del programa, *por si* mi hermana quería llamar. Cruzaba la ciudad y aparcaba bajo los árboles, junto al río; no sé por qué hacía eso, pero el caso es que lo hacía, *vigilaba* la casa de Elvira mientras oía la emisora, la veía entrar o salir, miraba sus ventanas encendidas o apagadas. Angie o Rosalita llamó varias veces.

-Lo que yo debería hacer -dijo una noche- es contarles a su mujer y a sus hijos la clase de hombre que es, aunque si su familia *es lo bastante estúpida como para aguantar* a un tipo así, es que *se lo tienen merecido*. Ya

---

cobarde, aquí: que hace daño ocultamente a otras personas.
menta, planta aromática.
subrayar, aquí: pronunciar y acentuar muy claramente.
convertirse en..., cambiar para ser...
estacionar, aparcar (el coche).

buzón

sabéis, *nunca llueve a gusto de todos*, pero siempre hay gente a la que le gusta meterse en los charcos.

Era muy lista. Yo seguía oyendo su voz, pero jamás dijo una sola palabra que pudiera demostrar que era ella. El que cada día iba apareciendo con mayor claridad era el hombre del que hablaba: *cobarde*, más o menos joven, con una cara hermosa que Angie comparaba con un bonito *buzón* al que sólo echan cartas las agencias de publicidad; tenía dos hijos y le gustaban las bebidas de *menta*. Una noche el hombre llamó. Yo seguía junto a la casa de Elvira y sus ventanas estaban apagadas.

-Éste es un mensaje para Angie -dijo la voz-. Sólo quiero que sepa que de mí no se ríe nadie. Angie -dijo, *subrayando* la palabra como si quisiera decir: sé quién eres, de mí no se ríe nadie-, escucha esto: sé muy bien

brillar, producir luz.
atrapado entre, aquí: sin saber qué decisión tomar.
mentir, decir algo que no es verdad.
Estaba en un buen lío. Tenía un problema difícil.
encajar en, aquí: estar de acuerdo con.

29

dónde estás, así que, como veo que tienes tantas ganas
de hablar, voy a acercarme para que tengamos una lar-

palillo de dientes

ga conversación. Deberías saber que conmigo no se
juega. -Y el hombre colgó.

5   Mi vida *se convirtió en* la de un detective que vigilaba a
dos mujeres que tal vez ni siquiera existían. Era igual
que jugar al juego de los errores, ese que consiste en
mirar dos figuras idénticas y encontrar diez diferencias
entre ellas. Pero yo no descubría nada.

10   Un par de semanas más tarde Rosalita se marchó
como había venido y yo dejé de observar a la gente parada junto a mi casa y de mirar los coches *estacionados*. Me
pregunté si Rosalita y yo habíamos estado alguna vez tan
15   cerca como para saber quiénes éramos y si ella era Angie
o, si no, quién era Angie y qué iba a ocurrirle. Después
conduje hasta la casa de Elvira; sus ventanas seguían

---

extrañar, causar admiración o sorpresa.
estar loco por..., querer mucho a una persona.
tomar una decisión, decidirse (aquí: por una u otra persona).
apostar a colocado y ganador, en las carreras de caballos, poner dinero
decidiendo cuál será el primer caballo (ganador) y el segundo (colocado).
sucio, no limpio.
cubo, recipiente (de metal o plástico) para poner agua etc.
manchado, no limpio.

pastor alemán

apagadas y la lámpara roja del puente *brillaba* sobre el agua como si fuese el corazón del río.

3

Todo el mundo necesita su propio sueño: cuando pierdes uno, tienes que buscar el siguiente.

Una vez estuve *atrapado entre* dos mujeres. La primera mujer fue la primera mujer por la que le *mentí* al recepcionista de un hotel; la segunda mujer era una de esas mujeres por las que merece la pena mentirse a sí mismo. Con una lo había aprendido todo y con la otra descubrí que no sabía nada. *Estaba en un buen lío*, todo el tiempo corriendo de arriba para abajo, con cuidado de que unas mentiras *encajasen en* otras; al final me sentía como uno de esos tipos que hacen catedrales con *palillos de dientes*.

el Gran Cañón del Colorado, parque nacional en el noroeste de Arizona, Estados Unidos.
explanada, terreno llano.
lluvia, agua que cae de las nubes.
buscar el corazón de, aquí: ir en dirección a.
falsa alarma, aviso o señal sin fundamento; aquí: intento sin éxito de buscar algo importante en la vida.
fiarse de, tener confianza en.
agotador, que cansa mucho.

La primera mujer tenía una casa cerca de una estación y cuando te quedabas callado podías oír llegar los
trenes, y algunas noches no era fácil distinguir los tre-

nes de los ríos. Comíamos en bares en los que no te *extrañaría* encontrar unas orejas de *pastor alemán* en la

En el jardín

pato

lago

embarcadero

sopa y bebíamos ginebra. *Estaba loco por* ella y ella estaba loca por mí y *tomar una decisión* parecía tan sencillo como *apostar a colocado y ganador* en una carrera en la que sólo había dos caballos. Empezamos a vivir juntos y
5 todo se derrumbó. Formar una familia consiste en que una princesa se convierte de pronto en un montón de ropa *sucia* metida en un *cubo*, mientras casi puedes oír el ruido de los sueños al caer y romperse y la chica va quedándose poco a poco entre los platos *manchados* y la
10 lavadora rota.

La segunda mujer apareció después, y decir que era bonita sería igual que describir el *Gran Cañón del Colorado* como una *explanada* grande. Vivía al lado de una autopista y le gustaba mirar caer la *lluvia* encima de los
15 coches, y una noche estuvimos mirando la línea de luces rojas que se alejaban de nosotros y la línea de luces blancas que *buscaban el corazón de* la ciudad. Un día me dijo que toda la vida de algunas personas no era nada más que una *falsa alarma* y que ella había sido una
20 de esas personas hasta que me conoció a mí; y yo le dije que el mundo estaba lleno de tipos que caminaban

el club hípico, lugar para montar a caballo como deporte.

lago, ver ilustración en página 33.

pato, ver ilustración en página 33.

embarcadero, ver ilustracion en página 33.

asombrarse de, admirarse de, considerar como algo extraño.

aburrimiento, sentimiento de no tener ningún interés en lo que ocurre.

el fabricante de hornos de Auschwitz, alusión a las personas que hicieron las instalaciones para matar a judíos, gitanos... durante la dictadura de Hitler.

jaula, construcción de hierro para encerrar animales.

Quítale las manos de encima. Figurado: No quiero que seas amigo de ella.

apisonadora, máquina muy pesada para allanar el suelo.

baloncesto, deporte que consiste en meter el balón en la cesta del equipo contrario.

34

sobre el agua y que no *se fíase de* ninguno de ellos; y ella me dijo que yo no sabía qué cerca se puede estar del infierno...

Mi vida empezó a ser divertida. También descubrí qué *agotador* resulta ser un mentiroso. En algún momento empiezas a hacerte preguntas y a necesitar respuestas, sales a la calle y de repente te preguntas si las cosas tienen algún sentido...

Una vez, la segunda mujer quiso que conociera a su familia: su padre y sus tres hermanos, la madre había muerto hacía un año.

La cena fue en una especie de *club hípico*, un *lago* artificial con *patos* rojos y un pequeño *embarcadero*: el lugar donde uno *se asombra de* que prosperidad y *aburrimiento* sean dos palabras distintas.

Los cuatro hombres de la casa me recibieron igual que un rabino habría recibido a un *fabricante de hornos de Auschwitz*. El padre tenía una elegancia militar, y no encuentro mejor manera de describir a los hermanos

preocuparse, estar intranquilo.
polo, aquí: camiseta deportiva con cuello.
chaleco, prenda de vestir, sin mangas, que se lleva sobre camisa o blusa.
cuero, piel de animal.
botas, zapatos altos.
el desastre, aquí: fracaso, lo que no funciona bien.
dar un mal paso, aquí: hacer algo no permitido.
La cosa se estaba poniendo fea. La situación era desagradable.
hacerse el gracioso, aquí: hablar con humor.
el postre, alimento, generalmente dulce, al final de la comida.
en llamas, aquí: con fuego por encima.
bombardeo de Pearl Harbour, base naval de Estados Unidos bombardeada por los japoneses en 1941.
Les hizo gracia. Pensaron que era divertido.
desenterrar, sacar (a un muerto) de debajo de la tierra.

que decir que si les hubiesen metido en una *jaula* de gorilas habría sido difícil distinguir cuáles eran ellos tres.

-Así que tú eres el gran escritor -dijo el padre, con el mismo tono que habría empleado para decir: "*Quítale las manos de encima* a mi hija o te mataré." Tenía el aspecto de alguien a quien la vida no le ha dado ni la mitad de lo que esperaba pero que sabe convencerse a sí mismo de que ha llegado arriba del todo; uno de esos tipos a quienes les gusta conducir una *apisonadora* por encima de tus sueños.

-A mis hijos no les gusta mucho leer -dijo-; prefieren el *baloncesto*.

-No *os preocupéis* -dije yo-; con todos los escritores que yo no he leído se podría llenar el estadio Olímpico.

Los gorilas me dieron la mano de esa forma en que lo hace quien quiere demostrarte qué fácil sería romperte la nariz. Los tres llevaban chaquetas deportivas y *polos* de marca; yo iba con un *chaleco* de *cuero* y *botas* de piel.

La cena fue un *desastre*: cuatro tíos sin ningún tema de conversación y sin ningunas ganas de buscarlo.

-¿Sabes? -dijo al final el padre-. Desde que murió su

farol

moqueta, tela fuerte para cubrir todo el suelo de una habitación.
castillo de arena, construcción hecha con arena de la playa.

36

madre ella es lo único que tenemos. No podríamos soportar que *diera un mal paso*.

La cosa se estaba poniendo fea, así que decidí *hacerme el gracioso*. Cuando el padre pidió un *postre* del que sólo recuerdo que tenía la palabra coñac y te lo sirven *en llamas*, dije:

-Estupendo, nunca antes había comido *el bombardeo de Pearl Harbour*.

Les hizo tanta gracia como si hubiese dicho: Eh, chicos, acabo de *desenterrar* a vuestra madre y tirarla a un cubo de basura.

Cuando salimos, le dije a la chica lo que sentía y que

monedas

cabina de teléfonos

lo mejor que podía hacer era alejarse de mí y regresar a su mundo de restaurantes con *moqueta* azul.

-¿Estás loco? Eres maravilloso -dijo, y fuimos a su

suficientemente, bastante.
librarse de, aquí: dejar (para siempre).
acabar de una vez, terminar definitivamente.
cielo, aquí: mi amor.

37

casa y pusimos un disco y estuvimos haciendo el amor mientras yo me preguntaba por el sentido de la palabra verdad y de la palabra mentira.

5 Las cosas siguieron como estaban durante algún tiempo. Una noche, en mi casa, me puse a mirar las fotos de familia de la primera mujer: de pequeña, hermosa igual que un ángel, en una playa, haciendo con su padre un *castillo de arena*; o unos años después, en la calle de algu-
10 na ciudad con terrazas de verano y pequeños *faroles* verdes a su espalda; y entonces, por un momento, supe que yo iba a volver algún día a aquellas ciudades y playas del pasado a romper todos sus castillos de arena, a decirle a aquella chica que tarde o temprano llegaría la lluvia a
15 apagar los faroles y a dejar las terrazas vacías. Fui a su casa, la desperté y le dije: Aléjate de mí, vete lo más lejos que puedas; en todos los sitios hay playas, aunque no haya mar. Pero me contestó: ¿Estás loco? Te quiero.
Y entonces supe que en realidad las dos mujeres eran
20 la misma mujer, que la primera había sido la segunda y la segunda la primera, y que yo no era *suficientemente* bueno para ninguna de las dos.

El tiempo siguió pasando, pero yo sabía que ahora co-
25 rría hacia atrás. O tal vez es que, cuando tienes dos cosas y no sabes cuál elegir, lo mejor es *librarte de* las dos.
Primero llamé a la segunda mujer y cuando lo hice

Me temblaban las piernas. Aquí: Estaba muy nervioso.
mercancía, popular: droga.
regalar, dar algo sin pedir dinero.
portera, mujer que vigila la entrada de una casa.
palos, aquí: trozos largos de madera para el juego del polo (muy extendido en Inglaterra).

creía que la única forma de *acabar de una vez* es decir algo que sea mucho peor que la verdad, así que puse mis *monedas* en una *cabina de teléfonos* y dije:

-En serio, *cielo*, me he divertido mientras ha durado, pero ahora tengo cosas importantes que hacer.

Cuando colgué el teléfono, me sentía el tipo más sucio del mundo; sólo sentía dolor y miedo, dolor por ella y dolor por mí, y miedo a la oscuridad del camino que había empezado a andar. 5

Antes de la segunda llamada salí a la calle porque *me temblaban las piernas* y porque necesitaba beber. Al rato llegó un tipo con buena *mercancía* y luego alguien con entradas para un concierto y después unas chicas que conocían una casa donde iba a haber una fiesta. Cuan- 10 do volvimos, el sol estaba saliendo y yo estaba más aba-jo de lo que había estado nunca. Iba en un coche y me quedé dormido y soñé que mi madre me *regalaba* un Porsche...

Cuando me desperté estaba en una casa desconoci- 15 da y había unos tipos bailando. Marqué el número de mi casa: no contestaba nadie, así que llamé a un amigo y fuimos a tomar hamburguesas y a tener la misma con-versación sobre deportes y literatura de todas las veces que habíamos ido a tomar hamburguesas. 20

llover, caer agua de las nubes.
chatarra, aquí: coche muy viejo.
cementerio de automóviles, lugar donde se dejan los coches que ya no funcionan.
llanta, metal de las ruedas del coche.
el taller, lugar donde se arreglan los coches.
tesoro, aquí: objeto muy importante.
piloto trasero, luz de la parte posterior del coche.
cafetera, aquí: coche muy viejo.
carroza de Cenicienta, alusión al coche elegante en el que la Cenicienta, según el cuento, es llevada al palacio del rey.

Después entré en una cabina y volví a llamar a mi casa vacía y después llamé a la *portera*.

-Se marchó esta mañana con sus amigos -dijo-. Preguntaban por usted.

5 -¿Mis amigos?

-Sí, los que venían para jugar el partido. Ellos traían sus *palos*. Dijeron que, como usted no estaba, jugarían con ella.

-¿Pero de qué me está usted hablando?

10 -Eran muy simpáticos, el señor mayor y los tres chicos. Se parecían mucho, como si fueran hermanos.

4

15
-Pero, hombre- decía mi padre-, te vas a pasar media vida oyendo *llover* encima de esa *chatarra* y no vas a encontrar otro tonto que te la compre.

Estábamos en un *cementerio de automóviles* y era una
20 mañana de domingo y mi padre acababa de conseguir otro de sus viejos coches americanos. Encontraba un Chrysler automático con *llantas* blancas y después pasaba meses recorriendo *talleres* hasta que lograba reunir una especie de *tesoro* hecho de *pilotos traseros* y otras
25 cosas raras. Los modelos iban cambiando, pero su sueño era siempre el mismo.

Se le dio siempre bien. Lo hacía siempre bien.
tumbado, echado (por ejemplo en la cama).
fastidiar, molestar.
poner en marcha, hacer funcionar el motor del coche.
Rohmer, director de cine.
empeñarse en, tener mucho interés en.
soportar, aguantar, tolerar.

Después se encerraba en el garaje y, de repente, un día aparecía en la puerta del jardín con una *cafetera* convertida en la *carroza de Cenicienta* y todos nos íbamos a una ciudad de la costa y cenábamos en un restaurante mirando nuestro maravilloso sueño aparcado cerca del mar. Es verdad que su suerte no duraba demasiado y en eso sus coches también se parecían a la carroza de Cenicienta, porque antes de contar hasta diez habían desaparecido. Si hay algo que a mi padre *se le dio siempre bien*, fueron los malos negocios.

El Chevrolet azul fue su último sueño y, como le ocurre al último sueño de todos los hombres, era el más hermoso y llegó demasiado tarde. Terminó aparcado en su jardín, debajo de los árboles durante años, y yo había pensado alguna vez que, si escribiese la historia de mi padre, hablaría de un hombre *tumbado* en la oscuridad y escuchando caer lentamente la lluvia encima de aquel coche. Pero mi padre quiso un día volver a tener otra vez su último sueño y para entonces era, como siempre, demasiado tarde.

-Aunque, ¿sabes? -me dijo aquella noche por teléfono-, me *fastidia* pensar que el primer coche que me ha durado más de un año es el único que ni siquiera he *puesto en marcha*. ¿Te acuerdas de aquella película de *Rohmer*?

---

tardar en, aquí: necesitar.
desembarco de Normandía, ataque de los aliados contra la dictadura de Hitler en 1944.
tregua, aquí: descanso, pausa.
abrazo de dos boxeadores, alusión al breve descanso de dos boxeadores durante la pelea.
por muy alta que pongas la música, aunque la música sea muy fuerte.
el combate de boxeo, lucha de dos boxeadores.
como si le trajese sin cuidado, como quien no tiene interés.
Lo pasamos en grande. Nos gustaba mucho la situación.

41

Hay un tío que quiere justificar por qué *se empeña en* una mujer y dice: Lo que no puedo *soportar* es la poca atención que ella muestra por mi desinterés. Bueno, pues a mí me pasa lo mismo con ese viejo Chevrolet.

Mi padre había visto otro coche igual; lo tenían en un taller y el plan consistía en que yo le acompañase a comprarlo. Yo no tenía nada mejor que hacer, así que salimos por la carretera hacia el norte escuchando 5 música de Julio Iglesias, que había llevado en su honor, aunque *tardó* diez kilómetros *en* preguntarme si no tenía algo posterior al *desembarco de Normandía*, así que puse otra música.

Al principio no mencionamos nada que pudiera interesarnos realmente a ninguno de los dos: esa *tregua* 10 de las conversaciones que al final tienen que ser serias, parecida al *abrazo de dos boxeadores*. Después mi padre sacó un paquete de tabaco y yo una botella de whisky y él empezó con nuestros verdaderos asuntos: hablaba de cosas cuyos nombres no quería pronunciar... 15

-Durante un tiempo -dijo- no puedes comprender por qué mucha gente piensa que si no se mueve estará más segura, pero luego empiezas a entenderlo.

A medianoche empezamos a buscar un motel. No queríamos un hotel de carretera, sino un verdadero motel, lo más oscuro posible. Yo iba cambiando la 20

---

terremoto, movimiento violento y peligroso de la tierra.
suceder, pasar, ocurrir.
seguir girando, no dejar de dar vueltas.
el cartel, letrero (aquí: con el nombre del hotel).
horario, horas de trabajo, comida, etc.
darse una ducha, ducharse.
tumbarse, echarse en la cama.
secarse, quitarse el agua del cuerpo.
empapar, llenar de agua.
disparar, lanzar una bala (con una pistola, una escopeta...).
el puñal, arma de metal semejante a un cuchillo.
máquina de discos, aparato para escuchar música.

43

música y él seguía hablando: a veces, *por muy alta que pongas la música*, sólo puedes oírte a ti mismo.

El recepcionista me pareció fantástico: estaba siguiendo un *combate de boxeo* por la televisión y nos miró
como si le trajese sin cuidado que pasáramos allí la noche
o nos fuéramos directamente al infierno.

Mientras duró el combate *lo pasamos en grande*
bebiendo whisky sentados frente al televisor y fumando un cigarrillo detrás de otro. Pero cuando acabó el
combate nos quedamos sin nada; en medio de una frase y otra empezó a haber tiempo libre para oír la soledad de los grandes camiones de la autopista como
música de fondo; la botella se quedó vacía. Lo último
que recuerdo es que él dijo algo que a veces hay
pequeños *terremotos* que sólo *suceden* bajo tus pies,
mientras las grandes ruedas *siguen girando*.

La mañana siguiente llegó demasiado pronto, pero mi
padre ya no estaba allí. Me quedé un buen rato mirando un mapa que estaba en la pared, las carreteras rojas
y los ríos azules y las letras pequeñas de las pequeñas

pasado de moda, no actual.
el buscador de oro, persona que busca oro (en el agua de un río).
la erre, la letra 'r'.
las tabernas de Salzburgo, referencia a los muchos bares típicos de esa
ciudad en Austria.
el ángel de oro de Berlín, famosa estatua en el centro de la ciudad, sobre
una columna muy alta.
los puentes de Praga, famosos puentes de esa ciudad sobre el río Moldava.
la cuesta abajo de la montaña rusa, figurado: muy atractiva (*montaña
rusa*: atracción de fiesta que consiste en coches que suben y bajan a
gran velocidad).
carpa, aquí: tela que cubre y rodea el circo.
lanzar rugidos, voz típica del león.

altavoz

ciudades, y luego *el cartel* de la puerta, el *horario* para los desayunos, el precio de las habitaciones. Después *me di una ducha* y *me tumbé* en la cama sin *secarme*; el agua empezó a *empaparlo* todo, cerré los ojos, imaginé que alguien me había *disparado* y la sangre se extendía len- ₅ tamente por las sábanas. Volví a quedarme dormido.

Me gusta viajar por las mañanas: la autopista parece una parte del cielo y la luz cae sobre los nombres de las ciudades. Paramos en un bar con muchas luces verdes ₁₀ que se llamaba "*El Puñal*". La *máquina de discos* era tan fantástica que estaba llena de éxitos un poco *pasados de moda* y me hizo recordar cuánto me gustan esos lugares donde muchas cosas aún no han llegado, donde tienes la impresión de que puedes sentarte a esperar que lle- ₁₅ gue tu vida dentro de un par de años.

La chica estaba al final de la barra, levantó los ojos de su vaso, comenzó a andar hacia nuestra mesa y se paró delante de nosotros, mirándonos con los ojos con que un *buscador de oro* miraría el agua de un río. Tenía ₂₀ uno de esos acentos extranjeros en que la palabra "ver-

estropearse, no funcionar.
San Sebastián, ciudad en el norte de España.
tumbar a un oso, aquí: con mucha fuerza o expresividad.

45

dad" parece tener cinco *erres* y la palabra "raro" menos
de dos. Me puse a recordar ciudades de Europa en las
que había estado y de las que ella podía venir: vi *las
tabernas de Salzburgo* y *el ángel de oro de Berlín, los puen-*
5 *tes de Praga...*

La chica se llamaba Greta, sus ojos eran azules y su
cuerpo era *la cuesta abajo de la montaña rusa.* Había
nacido en Berlín y trabajaba en un espectáculo de dino-

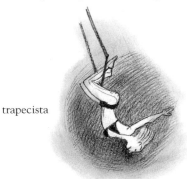

trapecista

saurios mecánicos. Cuando llegaban a un sitio, levanta-
10 ban una gran *carpa* y montaban sus dinosaurios, que
movían la cabeza y *lanzaban rugidos* a través de unos
altavoces. Ahora su problema era que el motor de uno
de los animales *se había estropeado* al mismo tiempo que
el único mecánico de la compañía había desaparecido
15 en dirección desconocida.

Dodge, marca de un coche.
cruzarse con alguien, encontrar a alguien que camina en dirección contraria.
el domador, persona que en el circo trabaja con animales salvajes.
pecado mortal, aquí: algo prohibido.
medir, aquí: tener una altura de…

46

palmera

foco

-En realidad, podría decirse que nosotros también tenemos que reparar un viejo dinosaurio -dijo mi padre y contó la historia de su Chevrolet.

Greta necesitaba que alguien la llevase a *San Sebastián*. Le habían hablado de un mecánico ruso que trabajaba en un taller de camiones. Le dije a Greta que nosotros íbamos por otro camino. 5

-Lástima -dijo y empezó a regresar hacia el final de la barra.

-¡Eh, Greta! -dijo mi padre; la chica se detuvo-. 10 También yo podría mirar el motor de tu dinosaurio. Podemos probar y, si no tenemos éxito, lo único que habremos perdido todos será un par de horas -Greta le dedicó una sonrisa capaz de *tumbar a un oso*.

Me quedé mirando a mi padre mientras pagaba 15

carromato, coche-vivienda (ver ilustración en página 48).
cama plegable, ver ilustración en página 48.
caja de galletas, ver ilustración en página 48 (*galleta*: bizcocho de harina, azúcar...).
el té, hojas de una planta con las que se hace una bebida.
atajo, camino más corto.
llevar de regreso, llevar hacia atrás.

lámpara de gas

cama plegable

carromato

nuestros desayunos y el de Greta: tal vez creía que, si reparaba todos los motores que encontrase en el camino, su propia vida volvería a ponerse en marcha.

Los dinosaurios estaban cerca de la playa y al lado de un circo. Vimos tres tristes tigres tumbados en una jaula y dos *trapecistas*. Mi padre estuvo un momento mirando el viejo *Dodge* amarillo del director y dijo que, si no lograba poner en marcha el dinosaurio, tal vez 5 podríamos poner aquel Dodge en su lugar y nadie notaría la diferencia. Cuando *nos cruzamos con un domador* llamado Ángel Cristo, dijo:

-Estoy seguro de que con ese nombre los leones deben pensar que comérselo sería un *pecado mortal*. 10

Los dinosaurios estaban en una gran carpa. *Medían* seis o siete metros y resultaban impresionantes allí parados, en silencio, sólo con el ruido del mar a sus espaldas. El dinosaurio estropeado estaba al fondo, rodeado por unas cuantas *palmeras*. Greta encendió los *focos* y mi padre empezó a trabajar. Estuvo allí toda la 15 tarde, mientras Greta y yo dábamos una vuelta y ella me enseñaba su casa, un *carromato* que parecía sacado de una película sobre la Primera Guerra Mundial, con una *cama plegable*, un par de lámparas de gas y una mesa en la que había una *caja de galletas* de chocolate y un 20 paquete de *té*.

-Me recuerda a alguien que conocí -dijo, mirando hacia los dinosaurios-. A veces, uno está tan triste que

oscurecer, anochecer.
conectar, poner electricidad.
caja de herramientas, caja con objetos que sirven para trabajos manuales.
conformarse con, estar contento o satisfecho con.
al revés, al contrario.
Gijón, ciudad en el norte de España.
de color plateado, de color de plata.
lámpara de petróleo, ver ilustración en página 50.

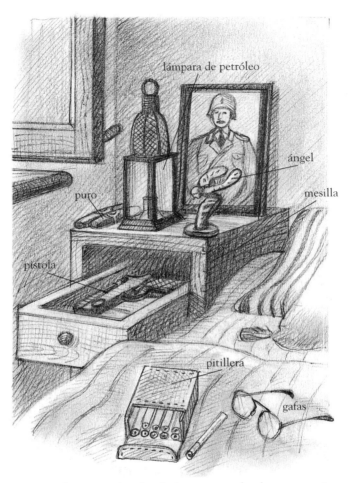

lámpara de petróleo

ángel

mesilla

puro

pistola

pitillera

gafas

necesita hacer reír todo el tiempo a todos los que están a su alrededor.

Yo dije que Julen era un buen tipo al que el mundo

vestido de uniforme, aquí: con ropa de soldado.

había destruido demasiadas veces y que ahora estaba buscando un atajo que *le llevara de regreso* hasta su propia vida.

-Todo es muy raro -dijo Greta-. Te pasas media vida tratando de llegar a un punto desde el que no puedas volver y otra media intentando encontrar el camino de regreso.

Estoy seguro de que Greta podría ser cualquier cosa, pero nunca sería una persona vulgar.

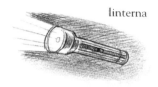

linterna

Cuando empezó a *oscurecer* llegó la gran prueba. Greta *conectó* el motor y el dinosaurio abrió los ojos, levantó la cabeza por encima de las palmeras y miró hacia donde estábamos; luego no volvió a hacer nada más. Mi padre quiso intentarlo de nuevo, pero a medianoche vino al carromato de Greta, dejó *la caja de herramientas* en la puerta y se alejó hacia El Puñal sin decir una palabra. Pensé que su frase también podría ser: cuando no *te*

---

el ángel de un Rolls Royce, figura de metal sobre el motor de estos coches.
inclinado sobre, mirando hacia (abajo).
pasar desapercibido, no ser observado por otras personas.

conformas con nada, no tienes nada. Ahora creo que habría que decirlo *al revés* para que fuese verdad.

Aquella noche llegamos a *Gijón* y cenamos en un res-
5 taurante del centro. Al día siguiente, mi padre habló con el dueño del Chevrolet. El coche era idéntico al suyo, pero *de color plateado*. Me senté en un viejo Volkswagen y comencé a recordar cuando se iba la luz en nuestra casa, cada vez que empezaba una tormenta, y mi
10 padre encendía *lámparas de petróleo* y todo se volvía extraño, el aire era dulce y parecía que iba a suceder algo y que todos estábamos los unos más cerca de los otros. La tarde que fui a buscarle, mientras él iba a comprar el periódico y tabaco, miré en su *mesilla*: había cajas
15 de *puros*, una foto donde él estaba *vestido de uniforme*, una *pitillera* de plata, unas *gafas* y su *pistola*. Pensé que mi padre había sido alguna vez todas aquellas cosas pero ya no lo era. También tenía el *ángel de un Rolls Royce* y ahora, mientras le observaba *inclinado sobre* el motor
20 con una *linterna* en la mano, pensé en el ángel de oro de Berlín y pensé en Greta. Estaba acostada en su carromato, sus ojos ya no eran azules y su nombre era otro y estaba escuchando una música hecha del rugido de los tigres y el ritmo de las olas.

insuperable, aquí: muy grande.
la capacidad, posibilidad de hacer algo.
echar la culpa a alguien, decir o pensar que otra persona es responsable de algo.
asustar, producir miedo.
se nos viene encima, aquí: cae encima de nosotros.
montaña, gran elevación del terreno.
unirse, juntarse (aquí: las manos de dos personas).
la solución, medio para resolver una dificultad o un problema.
respuesta, reacción a una pregunta.
decepcionado, desilusionado.

5

Se llamaba Teresa, pero he decidido llamarla Tess. Tess siempre me ha parecido un nombre de ángel, uno de esos ángeles que ponen su mano sobre el corazón de los hombres heridos. Lo último que puede ocurrirle a Tess es *pasar desapercibida*: es una de esas personas sobre las que todo el mundo tiene algo que decir. Rosalita me repitió un millón de veces que si dejaba que una mujer así me dejara estaba completamente loco. Mi madre me recordó mi *insuperable capacidad* para equivocarme.

La verdad es que no *echo la culpa a* Tess: todos tenemos derecho a *asustarnos* cuando vemos que algo grande *se nos viene encima*. Tess era uno de esos coches que aparecen de pronto en las calles del centro cubiertos de nieve de alguna *montaña* lejana y la gente se da cuenta de que querría estar en esa montaña y toda la ciudad empieza a parecer una ciudad distinta y peor y sus relojes van más despacio y sus sábados están más lejos. Pero la diferencia es que aquel coche estaba cada vez más blanco mientras el mundo seguía dando vueltas con veranos e inviernos, con sus noches de lluvia y sus tardes de sol. Ella escribió un poema que hablaba de la forma en que *se unían* nuestras manos y yo descubrí que, a veces, cuando la escalera termina, puedes seguir subien-

---

dejar a solas a alguien, marcharse para que alguien esté solo.
dejar de creer, no creer ya.
se me ocurrió, tuve la idea.
distinto, diferente.
el corte de pelo, aquí: pelo y peinado diferentes.
estrenar, usar por primera vez.
arriesgado, peligroso.
quirófano, sala de un hospital donde se opera a los enfermos.
poner el grito en el cielo, figurado: protestar fuertemente.

do. Y, de repente, la nieve comenzó a deshacerse.

No sabes cómo ocurre ni de dónde ha venido, pero estás ahí, sin *soluciones* ni *respuestas*, y todos los mapas de carreteras que encuentras te llevan lejos de donde
5 quieres ir.

Cuando le dices a Tess algo malo te mira con unos ojos muy tristes, terribles ojos verdes de ángel *decepcionado*, y dice algo en voz tan baja que no puedes entender qué es y te *deja a solas* contigo mismo. Con otras
10 mujeres, parecer listo resulta fácil. Con Tess no es así.

Las cosas siguieron por el mal camino. Ella había olvidado que en un tanto por ciento sólo eres feliz cuando sabes usar las cosas que ya tienes como si fuesen nuevas y yo había empezado a mirar para otra par-
15 te. Fueron tiempos difíciles, con cada uno de nosotros al final de una calle sin salida. Los dos estábamos perdidos y, cuando no sabes adónde ir, siempre llegas demasiado lejos, a veces hasta un punto desde el que ya no puedes volver. Una vez leí un libro que decía que los

perro salchicha

dar importancia a algo, pensar o decir que algo es importante.
increíble, difícil de creer.
guardar lealtad a alguien, ser fiel a alguien.
mierda, popular, aquí: que no vale nada.
estúpido, poco inteligente, tonto.
apodo, nombre no auténtico.
el camión de la basura, camión en el que se recoge lo que se tira en las casas.

hombres creen fácilmente en aquello que desean. Tess y yo *habíamos dejado de creer* en nosotros mismos.

Y justamente entonces *se me ocurrió*: la única manera de que Tess volviera a convertirse en la misma mujer era ser una mujer *distinta*. 5

El plan era sencillo: un nombre diferente, un nuevo *corte de pelo*, otra casa y una operación. No era fácil, pero al otro lado del desierto habría una vida sin *estrenar* y un montón de sillas vacías esperándonos.

10

Los leones volvieron a salir de sus jaulas. Esta vez, la primera fue su madre. Sus palabras fueron "*arriesgado*, *quirófano*, innecesario". Después *puso el grito en el cielo* y se marchó a ocuparse de sus propios asuntos. No le *dimos* mucha *importancia*: casi todo lo que intentan 15 enseñarte tus padres cuando eres joven es que no debes ser tan joven. La siguiente fue su hermana:

-Me parece *increíble*. Es como si ahora le dijeras a Teresa que en realidad nunca te ha gustado. Una mujer no es un objeto, ¿sabes? O te gusta como es o búscate 20 otra. Tu deber es *guardar lealtad a* la mujer que tienes, no construirte otra. Ya que eres tan listo, deberías saber que esas operaciones pueden producir cáncer. Y con lo que cuesta, podríais iros tres meses a Nueva York.

-El problema de la gente como tú -le contesté- es 25 que vivís en el mundo de las grandes ideas. ¿Qué quieres decir con "lealtad, deber" y toda esa *mierda*? Voy a

---

disfrutar de, gozar de.
grabar, conservar una voz (aquí: en un contestador).
el mensaje, noticia enviada a alguien.
Estaba preciosa. Estaba muy guapa o atractiva.
hacer una barbaridad, hacer algo absurdo, sin sentido.
buscar, aquí: recoger.

55

darte una mala noticia: tus grandes ideas las sabe hasta un tonto, pero lo que importa es lo que viene después.

-Pues yo te voy a decir otra cosa: dentro de mil años seguiré llamando Te-re-sa a mi hermana, así que puedes 5 meter tu *estúpido apodo* para *perros salchicha* en una bolsa de plástico y sentarte a esperar *el camión de la basura*. Nos cambiamos a un apartamento de la zona oeste un par de meses más tarde y estuvimos *disfrutando del* placer de dejar atrás un lugar que podría haber sido el últi-10 mo y ver cómo los objetos de siempre son otros en una casa diferente. Luego le pedí que *grabase* su nuevo nombre en el contestador y bajamos a una cabina telefónica y llamamos a nuestro nuevo número y Tess se escuchó a sí misma diciendo: "Hola, soy Tess, deja tu 15 *mensaje* después de oír la señal."

A los pocos días operaron a Tess. Yo estaba a su lado casi todo el tiempo y cuando no estaba allí me sentía

tableta de chocolate

muy extraño en aquella casa que ahora era nuestra pero aún no conocía y donde pronto iba a llegar una mujer

de modo que, por eso.
los grandes almacenes, tienda grande donde se puede comprar casi todo.
las dimensiones, aquí: figura de una persona.
remarcar, pronunciar muy claramente.
cuaderno, papeles juntos para escribir.
No da la más mínima guerra. No molesta nada.
aparcamiento, lugar para dejar el coche.
ser propenso a, con frecuencia…, con facilidad.
hacer caso, hacer lo que pide otra persona.

que era mía pero que tampoco sería ya la misma. Es raro, pero me di cuenta de que yo mismo empezaba a ser un hombre distinto. Un día imaginé que algo salía mal, el teléfono sonaba y una voz decía desde la clínica: lo sentimos, no sabemos cuál ha sido el error, pero nunca antes había pasado algo así. Otro día imaginé que Tess pasaba a mi lado; iba con un hombre y *estaba preciosa* y el tipo me decía: Lo siento, amigo, pero ahora es tan bonita que ya no puede ser tuya. 5

El tercer día su madre me llamó para ir al hospital. 10

-Espero que, ya que *habéis hecho esa barbaridad*, no creas que voy a permitir que mi hija esté allí sola, como si no tuviese familia. Supongo que puedes venir a *buscarme*, no querrás que vaya hasta allí en autobús.

De modo que fui a buscarla. Cuando llegué, llevaba un par de bolsas de unos *grandes almacenes* con vestidos nuevos para Tess. 15

-Ya sabes, algo para sus nuevas "*dimensiones*" -dijo, *remarcando* tanto la última palabra que si la hubiese escrito habría atravesado todo el *cuaderno*. 20

También llevaba a uno de sus perros, un bóxer llamado Stevenson.

-Oye -le dije-, Tess está en un hospital.

-Pero por amor de Dios, el animalito *no da la más mínima guerra*. Él no va a subir, naturalmente: los dos os quedaréis abajo, en el *aparcamiento*. 25

bajar el volumen, poner la música de la radio menos fuerte.
arrancar, quitar con violencia.
morder, aquí: romper con los dientes.
ciego, que no ve.
Joe Frazier, Cassius Clay, dos boxeadores famosos.
guantera, dentro de un coche, delante, espacio cerrado para guardar objetos pequeños.
Maldita sea. Expresión usada para decir que se está muy descontento.

Me puse a contar hasta un millón mientras conducía hacia el sanatorio. Por el camino paré a comprar el pe-riódico y una *tableta de chocolate*.

-Querido, ¿no podrías quitar el aire acondicionado? Stevenson *es propenso a* resfriarse.

5   Le *hice* el mismo *caso* que si me hubiese propuesto ir a dar una vuelta por el infierno y subí la música. A los dos minutos ella cambió la emisora, *bajó el volumen* y empezó a *arrancar* hojas de mi periódico y a proteger con ellas a Stevenson; vi cómo quitaba las páginas
10   deportivas y el perro *mordía* los pies de un jugador de fútbol de Bilbao. Comí la mitad del chocolate y le di un poco al perro.

-El chocolate podría dejarle completamente *ciego*.

Estuve casi dos horas en el aparcamiento. Mi pe-riódico había quedado peor que *Joe Frazier* después de pelear con *Cassius Clay* y mi estado de ánimo parecía San Francisco al día siguiente del terremoto. Abrí *la guantera* y encontré un paquete de tabaco. Dos hom-
15   bres se pararon al lado del coche.

-Hasta aquel año -dijo uno de ellos- casi nadie había visto un aparato de televisión. Entonces lo encendimos y de repente mataron a Kennedy; eso es lo primero que vi en una televisión. Pasaba en aquel coche y empeza-
20   ron a dispararle.

-*Maldita sea* -dije. Encendí un cigarrillo y luego le di

Qué vergüenza. Está muy mal eso que habéis hecho.
engañarse, creer algo que no es verdad.
inventado, no real.
avanzar, caminar hacia delante.
el refrán, expresión o dicho tradicional que generalmente contiene una enseñanza o una advertencia.
mearse, popular: orinar.

el resto del chocolate a Stevenson. Me miró como si fuese el día más feliz de su vida.

Tess se compró unas botas de piel de leopardo y vino caminando sobre ellas por su nueva calle. Tess era las dos mujeres al mismo tiempo: era uno de esos ángeles que hablan con palabras del color del cielo y era una de esas mujeres que parecen irreales.

-Qué vergüenza -dijo su hermana-, qué manera de engañarse, qué tristeza.

Algunas veces, Tess y yo alquilamos una habitación; nos gustan las que están más cerca de nuestra casa y pensamos que dormir en un hotel de tu propia ciudad es una forma de cruzar el mundo. Hemos aprendido a no prometer nada que sea más grande que nosotros mismos y hemos aprendido a tener sólo recuerdos *inventados*.

Nunca antes había visto una chica tan bonita.

6

El trabajo era raro y además había que conseguir las

ser capaz de, tener cualidades para hacer algo.
novia, amiga.
odiar, sentir antipatía profunda.
coger rehenes, hacer prisioneros; aquí, figurado: quitar la libertad a otras personas.
el árbol genealógico, esquema de una familia completa.
talar, cortar (un árbol).
Dios era de Liverpool. Figurado: Dios hizo en esa ciudad algo maravilloso, los Beatles.
Tenía cuatro cabezas. Figurado: se refiere a los Beatles.
sacarse sangre, dar sangre propia para otras personas.
a cambio de, por.

armas. Estábamos a finales de febrero cuando Israel lo descubrió en el periódico y al principio pensamos que era una broma. Pero no lo era.

–¿Queréis ir a una isla desconocida? Vale, pues ésta
5 es la puerta de entrada –dijo, mientras leía las páginas de ofertas de empleo–. Hay que moverse. Si te mueves,

el Rey, figurado: Elvis Presley.

avanzas; ya sabéis lo que dice *el refrán*: ningún perro *se ha meado* sobre un coche en marcha.

Habíamos pensado en alquilar una casa en la playa aquel verano: el grupo se podría definir como "Israel y

cable de la luz

estornino

estornino, pájaro de cabeza pequeña y plumas negras.
Huesca, ciudad en el norte de España, cerca de los Pirineos.
ayuntamiento, autoridades de una ciudad.

las cuatro o cinco personas que él *es capaz de* soportar en el mundo"; o sea, Josu y Cristina, su *novia* Laura, Tess y yo, tal vez Lennon.

Israel es un tipo fácil de definir: *odia* a la gente y le
5 gustan los Beatles. Sobre lo primero es muy estricto, su frase favorita es: la gente no hace amigos, *coge rehenes*.

-¿Sabes cómo funciona? -dice-. Voy a explicártelo. Vienen donde tú estás y dicen: Pero si lo único que quiero de ti es todo lo que tienes. Y los de la familia
10 son aún peores: el único *árbol genealógico* bueno es el árbol genealógico *talado*.

Sobre lo otro también es muy estricto y también tiene su frase:

-En realidad, *Dios era de Liverpool y tenía cuatro cabe-*
15 *zas.*

Para que veáis hasta qué punto habla en serio, os contaré cómo compró todos los discos de los Beatles, lo que él llama "las trece únicas cosas verdaderamente redondas de la historia". Lo hacía *sacándose sangre*; iba
20 a uno de esos autobuses de la Cruz Roja y daba un par de litros de su sangre *a cambio de* un bocadillo y algo de dinero para hacerse con un disco de los Beatles. Un día

contratar, tomar, pagando un precio, a alguna persona para un trabajo.
plaga, aquí: abundancia de pájaros que causan daño.
escopeta, ver ilustración en página 61.
prestar, dejar.
licencia de armas, permiso para usar armas.
repugnar, molestar mucho.
bata, ver ilustración en página 64.
chimenea, lugar para encender fuego dentro de la casa. Ver ilustración en página 65.
el lingote de oro, trozo de oro.
disecar, preparar un animal muerto como si estuviera vivo.
ciervo, ver ilustración en página 64.
la perdiz, ver ilustración en página 64.
el águila (f), ver ilustración en página 64.

le oí hablar con un tipo al que le gustaba Elvis Presley.

-Bueno -dijo-, en realidad yo nunca habría podido ser un verdadero fan del *Rey*.

-Pero, tío, Elvis es maravilloso.

-Claro que lo es, pero grabó sesenta y cinco discos - dijo Israel, aunque el otro no sabía de qué le estaba hablando.

El trabajo consistía en matar *estorninos*. Raro, ¿no? Había que ir a algún lugar cerca de *Huesca* y matar un par de miles. Los estorninos ponían en peligro las plantaciones de fruta y el *ayuntamiento* de la ciudad quería *contratar* a unas cincuenta personas para acabar con la *plaga*. El sueldo era bueno y lo único que pedían era que cada uno llevase su propia *escopeta* y sus papeles en orden, pero Israel ya había pensado también en eso; su tío nos *prestaría* tres escopetas y una *licencia de armas*.

-Creí que odiabas a la familia -dijo Josu.

-También odio a los autobuses rojos que tengo que usar para ir de un lugar a otro. Además, el tío Israel es especial. ¿Os he contado que una vez cazó un león? Fue en África y... Bueno, ya sabéis que a mí esas cosas me *repugnan*, pero supongo que un montón de safaris no es algo que haya hecho todo el mundo.

cubertería, cuchillos, tenedores, cucharas.
el mantel, ver ilustración en página 64.
bordar, adornar una tela con dibujos hechos con hilo.
candelabro, ver ilustración en página 65.
el jarrón, ver ilustración en página 64.
averiguar, tratar de descubrir la verdad.
copa, ver ilustración en página 65.
puesta del sol, hora en que termina la luz del día.
bandada, grupo grande de pájaros.
tener pasión por, tener mucho interés en.
el crucigrama, pasatiempo que consiste en rellenar con letras un cuadro para formar palabras.

ciervo

aguila

perdiz

bata

jarrón

rosa

mantel

Al tío Israel parecía que lo habían sacado de una novela; vivía solo -parece que su mujer lo había aban-

---

panjardo, palabra inventada por el autor.
avutarda, pájaro grande, rojo y negro.
las Antillas, islas al este de América Central.

candelabro

copa

chimenea

león

donado- en una casa de dos pisos en medio de un
pequeño bosque y nos recibió vestido con una *bata*

sea como sea, de todas maneras,
resolver, aquí: hacer bien.
haciendo sombra, aquí: no auténtico (como el boxeador que se entrena
solo).

amarilla, junto a una *chimenea* en la que podría aparcarse un tractor. El tipo brillaba como un *lingote de oro* al lado del fuego. Pero lo peor era el resto: toda la casa estaba llena de animales *disecados, ciervos, perdices* y un
5 *águila,* entre otras cosas. El león estaba debajo de una ventana.

-Lo más difícil fue traerlo -dijo el tío Israel-. No te puedes imaginar la cantidad de papeles que me pedían en Kenia: papeles de todas clases, ya sabes...
10 La cena estaba ya servida: *cubertería* de plata, *manteles bordados, candelabros* y un *jarrón* lleno de rosas blancas. Fue una de esas comidas en las que te pasas la mitad del tiempo intentando *averiguar* si tu pan es el de la derecha o el de la izquierda, cuál es la *copa* del vino blanco o por qué tienes cinco cuchillos.
15 Cuando salimos, el tío Israel le dijo a su sobrino: "Sólo voy a permitirme un consejo. De Israel Lacasa a Israel Lacasa: acaba con esos sucios pájaros." Luego se volvió hacia mí, todavía riendo y me dio la mano con fuerza ; su cara se puso muy cerca de la mía.
20 -Oye, chico -dijo-, el mundo está lleno de cosas que a mí tampoco me gustan.

-Los estorninos llegan a las ciudades antes de *la puesta*

los *Reyes Católicos,* Isabel y Fernando, reyes de España en los siglos XV-XVI.
¿Que cantan? No, no cantan (esos pájaros), sólo hacen mucho ruido.
el *capataz,* persona que dirige un grupo de trabajadores.
picadora de carne, máquina para cortar la carne.
el gigante, hombre muy alto.
albino, sin color en la piel y en el pelo.
el *barracón,* vivienda provisional pobre para muchas personas.

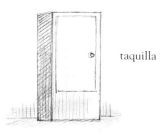

taquilla

del sol -dijo Laura-. Sus *bandadas* son las más grandes de Europa. Les gusta dormir en los parques.

La novia de Israel, Laura, *tenía* una gran *pasión por* los *crucigramas*. Yo siempre he creído que los hacen al revés. Quiero decir, primero les sale, por ejemplo, la palabra "*panjardo*" y luego hacen la pregunta: especie de *avutarda* de las Antillas. *Sea como sea*, el hombre que *resuelve* un crucigrama es un boxeador *haciendo sombra*. Supongo que cierta gente necesita saber el número de zapato de *los Reyes Católicos*, pero que me maten si puedo entender por qué.

Laura seguía ofreciéndonos algunos consejos sobre los estorninos cuando Israel volvió del teléfono:

-He dado nuestros nombres y el número de licencia de las escopetas -dijo-. El trabajo es nuestro.

A la mañana siguiente estábamos los tres en la carretera dentro del coche de Israel, escuchando a los

el cinturón, ver ilustración en página 60.
suficientes, muchas.
gorra, ver ilustración en página 60.
mono, ver ilustración en página 60.
Poneros la ropa. Familiar: Cambiad vuestra ropa por el mono y la gorra.
No habrá inconveniente en (que)... Será posible...
liquidar, aquí: matar.

Beatles, mientras yo me acordaba de algo que me había contado Laura sobre la forma en la que los estorninos cantan hasta después de la medianoche, de una manera muy triste, igual que si todos esos miles de pájaros fueran un sólo ángel perdido. Eso es lo que dijo, pero yo todavía no sabía por qué.

-¿*Que cantan?* -rió *el capataz* de la plantación-. Escuchar a esos malditos pájaros es algo parecido a meter las orejas en una *picadora de carne*.

Era un hombre de unos cincuenta años, con aspecto de haber vuelto hace siglos de cualquier sitio al que tú pudieras ir. Le acompañaban otro par de tipos, un *gigante albino* al que llamaban "Nevada" y otro llamado Oviedo. El capataz nos llevó hasta un *barracón* donde había unas cuantas camas y cincuenta *taquillas*. El tipo llevaba en *el cinturón* llaves *suficientes* para abrir todas las puertas de Ciudad de México; nos dio un par de llaves y nos presentó al resto de los hombres, todos con *gorras y monos* azules. Cuando abrimos nuestras taquillas, encontramos gorras y monos azules.

-Hijos, *poneros la ropa* y venid con los demás -dijo el capataz.

-Oiga, boss -dijo Israel-, supongo que *no habrá inconveniente en que liquidemos* a esos pájaros vestidos con

la flor silvestre, flor que crece en el campo.
boca de dragón, planta de jardín.
el azafrán, planta amarilla que se usa como especia para las comidas.
permiso, autorización.
el melón, fruta grande, ovalada y dulce, que crece en países cálidos.
a solas consigo mismos, ellos dos solos.
Marconi, ingeniero italiano (1874-1937), descubridor de la radio.
sesos, interior del cerebro (aquí: de un animal).
el impala, antílope africano.

nuestra propia ropa, ¿verdad?

-Poneros los monos y venid conmigo -volvió a decir el capataz, mientras salía del barracón.

-¿Habéis visto? ¿Pero quién se cree que es ese tío? ¿Se cree Eisenhower dirigiendo el desembarco de Nor- 5 mandía?

-Hijo, ponte el mono y vamos al trabajo -dijo Josu, y los tres nos echamos a reír.

Laura, Tess y Cristina llegaron por la tarde en tren y alquilaron una casa prefabricada en un bosque al lado de la estación: no era el palacio del tío Israel, pero tenía 10 un porche para sentarte por la noche a beber cerveza y ver pasar los trenes. Tess y Cristina me contaron que, nada más llegar, Laura estuvo paseando por el bosque y trajo *flores silvestres*.

-Estas blancas son *bocas de dragón* y esas otras tres de 15 color violeta son una clase de *azafrán*.

Israel nos había contado en el viaje que Laura hacía crucigramas desde los doce años: su padre la obligaba a resolverlos como un acto de disciplina. Laura sólo obtenía *permiso* para ir al cine si antes le daba a su 20 padre un crucigrama completamente resuelto.

Cuando Israel y ella empezaron a vivir juntos, él no dio mucha importancia a los crucigramas. No entendía

---

montar un escándalo, protestar mucho.

el ñu, animal africano con cuernos hacia arriba y hacia dentro.

seguir la corriente a alguien, hacer lo que quiere otra persona.

pechuga, carne del pecho.

urogallo, ave salvaje semejante a la *gallina*.

gallina, ave doméstica de la que se aprovechan sobre todo los huevos.

Selva Negra, región montañosa del suroeste de Alemania.

convertir, aquí: hacer.

los cables de la luz, ver ilustración en página 61.

la red, aquí: cuerdas o hilos unidos (para cubrir la plantación de árboles).

69

muy bien por qué alguien necesita saber el nombre de un *melón* tropical color azul marino, pero pensó que era su forma de que la dejasen en paz; de modo que los domingos se sentaban uno frente al otro, los dos *a solas*

espantapájaros

5 *consigo mismos* y, mientras él escuchaba la radio, ella averiguaba que *Marconi* ganó el Premio Nobel de Física en 1909.

Pero Laura empezó, por ejemplo, a pedir cosas raras en la tienda; me refiero a *sesos de impala* y cosas así. Al
10 principio, todo el mundo se divertía, pero una mañana *montó un escándalo* porque se negaban a servirle carne de *ñu*; así que empezaron a *seguirle la corriente* y, cuando pedía *pechugas de urogallo*, le daban media *gallina*.

-¿Seguro que es urogallo?
15 -¡Señorita! ¡Recién traído de la *Selva Negra*!

ahorrar, gastar menos dinero.
madurar (la fruta), período de tiempo que necesita la fruta para poderla comer.
apuntar, aquí: dirigir la escopeta.
el/la guía, que dirige (aquí: a los pájaros).
fijarse en, mirar con atención.
camisa a cuadros, ver ilustración en página 60.
los tejanos, pantalón (generalmente azul) de tela fuerte.

Antes de empezar la guerra de los estorninos, Oviedo cogió nuestras escopetas y las guardó en los armarios.

-Es mejor así. Ya sabéis: cincuenta tíos duros juntos intentando demostrar lo duros que son y un montón de armas... Bueno, los estorninos vendrán esta noche. Llegarán por aquel lado, es decir, avanzando hacia la puesta de sol, y antes de que toquen uno solo de nuestros árboles frutales tenéis que *convertir* para ellos el cielo en un auténtico infierno. Primero lo intentamos con unos altavoces, pero los estorninos se iban a la ciudad, esperaban en *los cables de la luz* y volvían cuando el ruido terminaba; también lo intentamos con avionetas deportivas, pero las bandadas eran tan grandes que los pilotos tenían miedo. Después vinieron unos norteamericanos y nos explicaron un plan para cubrir toda la plantación con unas *redes* de colores para proteger la fruta; pero el proyecto era tan caro que nos habríamos *ahorrado* dinero comprándoles la Estatua de la Libertad y poniéndola ahí de *espantapájaros*. Al final, han tenido que hacer lo que dije desde el principio: mata al pájaro y siéntate a ver *madurar* la fruta.

Por lo visto, aquel tipo era mitad Eisenhower y mitad Confucio. Después nos explicó dónde deberíamos colocarnos y que debíamos *apuntar* siempre a la cabeza de la bandada.

-Si los estorninos no tienen ningún *guía*, no sabrán

a punto de, expresión para indicar que algo va a ocurrir enseguida.
gigantesco, muy grande.
convertirse en, aquí: parecer.
manicomio, hospital para enfermos mentales.
chillar, gritar mucho.
cartucho, aquí: cartón o metal con dinamita para disparar.
cargar el arma, poner el *cartucho* en la escopeta.

71

adónde ir. Y lo más importante de todo, muchachos: los pájaros están arriba y los hombres abajo; por el amor de Dios, no bajéis las armas por nada del mundo.

El capataz *se fijó* entonces *en* un tipo que estaba sentado al final del grupo. Llevaba una *camisa a cuadros* blancos y negros y *tejanos*.

-Muchacho -le dijo-, todavía tienes tiempo de ir y ponerte el mono.

-¿Se refiere a su uniforme para matar estorninos?

-Eso es, hijo.

-No veo por qué tendría que hacerlo.

-Bueno, puedes ver que todos los muchachos lo llevan. Ya sabes, un poco de orden nunca es malo.

-No -dijo él.

-En fin, hijo, me temo que entonces vas a tener que abandonar la plantación.

-Mire, devuélvame mi escopeta y acabemos con esto -dijo el hombre, y comenzó a caminar hacia el capataz. Nevada se puso a su lado y Oviedo se quitó su chaqueta: todos pudimos ver su pistola...

-Me temo que tampoco eso va a ser posible -dijo el capataz.

El ruido llegó antes que los pájaros. Era extraño de verdad, igual que la madera mojada *a punto de* romperse. Después apareció una bandada *gigantesca*: miles de pájaros como un animal inmenso mandado por el cielo. Cuando llegaron sobre la plantación, comenzamos a

---

cambiar la dirección, aquí: volar hacia otro lugar.
reagruparse, juntarse.
orientar, aquí: dirigir.
pisar, poner los pies sobre algo.

pico

estufa

disparar y aquello *se convirtió en* un *manicomio*, con los estorninos *chillando* como un millón de alarmas. Disparábamos sin descanso; éramos cincuenta personas y, mientras uno disparaba sus dos *cartuchos*, el otro *cargaba el arma*. Los estorninos empezaron a caer y la bandada *cambió la dirección, se reagrupó* y comenzó un nuevo ataque. Algunos estorninos comenzaron a bajar de todos modos hacia los árboles. 5

-¡No disparéis a ésos! -chillaban el capataz y Oviedo-. ¡A los del cielo, solamente a los del cielo! 10

La cosa duró alrededor de tres horas. La bandada se alejaba, pero volvía a los pocos minutos. Cuando ya apenas se veía, Nevada encendió un foco enorme y lo *orientó* hacia los estorninos mientras nosotros disparábamos. 15

-Muy bien -dijo al final el capataz-. Vamos ahora hacia el barracón.

En el camino me fijé por primera vez en los estorninos. Eran casi azules, metalizados, con manchas verdes y *el pico* de color amarillo limón. Estaban por todas par-

cansado, con pocas fuerzas (después de trabjar todo el día).
abrazar, rodear a una persona con los brazos.
pasillo, parte larga y estrecha de una casa, con las puertas de las habitaciones a los lados.
crujir, hacer ruido cuando se pisa por ejemplo una rama de un árbol.

73

tes y había que ir con mucho cuidado para no *pisar* los cuerpos.

-Buen trabajo, muchachos -dijo el capataz-. Bien, pero tenemos que estar preparados para cuando vuelvan. De momento, supongo que pasarán la noche en la ciudad. Podéis dormir en el barracón; no es un hotel de cinco estrellas, pero hay una buena *estufa* y las mantas están limpias. Ahora el señor Oviedo recogerá vuestras armas.

El tipo de la camisa a cuadros empezó a andar detrás del capataz.

-Eh, oiga -dijo-, ¿qué pasa con mi escopeta?, ¿cuándo piensa devolvérmela?

Algunos de los pájaros estaban en el bosque junto a la estación. Cuando llegamos, las chicas estaban mirándolos desde las ventanas. Fuimos todos a la ciudad y era impresionante ver los cables llenos de estorninos inmóviles, y también los parques, con miles de pájaros como un ejército. De vez en cuando se oía algún grito y otros que contestaban.

En uno de los bares encontramos al muchacho de la camisa a cuadros con algunos de sus amigos.

-Yo sé lo que quiere ese cabrón -dijo-. Y se lo voy a dar.

En casa nos sentamos todos en el porche, bebiendo en silencio, *cansados*, y seguramente pensando que no habíamos hecho nada de lo que en el futuro nos gustaría acordarnos. Tess y yo nos dormimos *abrazados* pero

---

vaciar, sacar todo lo que hay en un recipiente.

volcar, aquí: *vaciar* totalmente un recipiente.

tiroteo, disparos de muchas armas.

dar la enhorabuena a alguien, felicitar a alguien por algo bien hecho.

melocotón

sin ganas de hacer el amor, escuchando a los malditos pájaros de la noche, y cuando me quedé dormido soñé que iba andando por un largo *pasillo* y que algo *crujía* bajo mis pies.

Los dos días siguientes fueron otra vez el mismo día: los estorninos llegaban y nosotros disparábamos sobre ellos. Después llegaba Nevada y echaba los pájaros muertos en cajas de cartón y *vaciaba* las cajas en unos grandes cubos metálicos y por la noche *volcaba* los grandes cubos metálicos en una máquina trituradora. Todos los que estuvimos allí nunca podremos olvidar el ruido de aquella maldita máquina. Lo oíamos desde el porche de la casa y nunca dijimos a las chicas lo que era.

-Creo que hay una fábrica de papel detrás de aquella montaña -dijo Israel cuando le preguntó Laura por aquel ruido.

El último *tiroteo* fue el tercer día y, cuando terminó, el capataz nos reunió:

-Muchachos, no creo que todos los pájaros que quedan sean capaces de comerse un solo *melocotón*; de modo que nuestro trabajo ha terminado. Mañana a las

(*el*) *Real Madrid*, conocido equipo de fútbol español.
(*el*) *Galatasaray*, equipo de fútbol de Turquía.
Constantino el Grande, emperador romano del siglo III.
empacar, meter ropa etc. en una maleta.
armario, mueble para guardar la ropa.
tocar las campanas, aquí: alegrarse mucho.

nueve os pagaremos en mi oficina. Lo único que me queda es *daros la enhorabuena* en nombre de la ciudad y aseguraros que informaré de que os habéis ganado cada billete que vamos a daros. Y ya sabéis que se trata de un buen montón. Ahora el señor Oviedo recogerá vuestras armas.

5

Aquella noche no salimos de casa. Nos quedamos escuchando los partidos de fútbol en la radio. Las conversaciones entre Israel y Laura empezaron a ser verdaderamente raras.

10   -¿Quién juega?

-*El Real Madrid* contra *el Galatasaray* de Turquía.

-Ah, la capital es Estambul. Antes se llamaba Bizancio, pero *Constantino el Grande* le cambió el nombre por Constantinopla.

15   A la mañana siguiente *empacamos* nuestras cosas y fuimos en el coche de Israel hasta la oficina del capataz.

-Aquí tienes, hijo. Gracias y buena suerte.

Mientras él te daba tu sobre, Nevada recogía el mono azul y la gorra. Después Oviedo te devolvía tu

20 escopeta. Cuando me dio la mía, vi que quedaba otra en el *armario*; miré detrás de mí, pero yo era el último.

Durante el viaje de regreso tampoco hablamos mucho y yo conduje deprisa: quería alejarme de aquel lugar, poder empezar a pensar lo más pronto posible que los hombres que no queríamos volver a ser se habían

25 quedado allí para siempre...

El otro día me llamó Israel.

Jim Callaham, acompañante y *guardaespaldas* del cantante Bob Dylan.
el guardaespaldas, persona que acompaña a otra para protegerla.

 abanico

-Tío, no sé. Un dos-cero tampoco es para empezar a *tocar las campanas*. Los turcos no son Brasil, pero hoy ya no quedan enemigos pequeños.

7

Bob Dylan salió del hotel y miró hacia donde estábamos; después empezó a caminar en dirección al río. *Jim Callaham* también nos vio; llevaba la misma ropa de la noche anterior, pero era un hombre distinto: sus ojos decían que no quería hacer su trabajo con nosotros. No tenía nada que ver, pero me acordé de una de las canciones: no quise que te sintieras triste, todo lo que pasó fue que estabas allí.

-Sólo se trata de elegir -dijo Josu-. No digo que nuestra opción sea la correcta, pero es en la que creemos.

-¿Nuestra opción? ¿Quieres decir la de Jim y tuya? -El locutor parecía estar divirtiéndose.

-Mira, tío, me parece que no sabes de qué estamos hablando, de modo que no voy a perder el tiempo en explicarte algo que no vas a entender. Pero ya que lo dices, en mi opinión siempre terminas por ser una parte de las cosas en las que crees.

cemento, material en polvo que, con agua, sirve para construir un muro, una pared...
comportarse, obrar, actuar.
perseguir, aquí: seguir a alguien todo el tiempo.
señalar, mostrar (con la mano) dónde está alguien o una cosa.

-En mi vida la palabra creer no existe.

-Pues sigue así y yo seguiré pensando que lo único que conseguís los tipos que no creéis en nada es ser una parte de nada.

5

Dylan llevaba unos tejanos negros; no le vimos hablar una sola vez y casi todo el tiempo iba mirando al suelo. Jim Callaham y el otro *guardaespaldas* iban a su lado y también mantenían la boca cerrada. Entraron en una tienda y Dylan se puso a mirar *abanicos*. El segundo guardaespaldas se quedó en la puerta; nos observaba a los cuatro sin ningún interés, pero sin quitarnos los ojos de encima. La expresión de su cara parecía comprada en una fábrica de *cemento*, pero el cemento estaba diciendo: ven, si te atreves.

15 -*Se comporta* como si los fans le *persiguieran* por la calle -dijo el locutor, *señalando* hacia la tienda.

-Nosotros somos sus fans y le estamos persiguiendo por la calle -dijo Cristina.

-Bueno, todo el mundo tiene algunos...

20 -No te preocupes -dije yo-, no hay ninguna verdad que no pueda convertirse en mentira, sólo es cuestión de tiempo. Y ahora que ya te he dicho mi mejor frase de la semana, ¿por qué no te vas al hotel a escuchar cintas de Madonna?

25 -Madonna es una estrella ahora; Bob Dylan es una estrella caída.

-No existen las estrellas caídas -dijo Josu-; existen las estrellas y existen los tontos y Bob Dylan está en el pri-

---

el ron, bebida alcohólica fuerte (de la caña de azúcar).
interesar un comino, no interesar absolutamente nada.
Harley Davidson, marca de motocicletas.

mer grupo y Madonna y tú estáis en el segundo.

-Sólo digo que él vive esa situación en la que todavía no te quieres marchar pero ya te han olvidado.

-A mí me parece más triste el problema de esos tipos a los que todo el mundo ha olvidado antes de que lleguen -dijo Cristina.

El locutor miró el agua del río: le pareció fría y profunda. Estaba en la ciudad para hacer un programa sobre el concierto y parecía aburrirse bastante. Dylan salió de la tienda y empezó a cruzar la calle. Le seguimos. El locutor dijo que volvía al hotel para hacer un par de llamadas por teléfono.

A Jim Callaham lo habíamos conocido la noche anterior. Primero le vimos llegar con Dylan al hotel Colón. Luego bajó a un bar de al lado y, cuando entramos cinco minutos después, ya estaba con un montón de fans de Dylan. Había cuatro ingleses que andaban tras él.

Cristina pidió una botella de *ron* y la puso sobre la mesa.

-¿Podemos sentarnos?

-Estáis invitados los cuatro -nos dijo Jim Callaham a

sacar las castañas del fuego, figurado: solucionar los problemas de otra persona.

hacer gracia, divertir, parecer alegre.

pararse en seco, aquí: dejar de hablar de repente.

de modo que, por eso.

No sacamos gran cosa en limpio. Figurado: No conseguimos lo que queríamos.

lo más cerca de él que habíamos estado nunca, nunca habíamos estado tan cerca de él.

incluso, hasta.

el cazador de autógrafos, que colecciona firmas de personas importantes.

saludar, decir, por ejemplo, 'buenos días'.

desconfianza, aquí: sentimiento de pensar que alguien es peligroso.

el ascensor, aparato eléctrico para subir dentro de una casa.

79

los tres, mientras miraba la botella.

A Jim Callaham le gustaba hablar de motos, pero no le gustaba hablar de Dylan. En aquel momento, a nosotros las motos nos *interesaban un comino*. La conversación era bastante rara:

-Para mí hay dos tipos de motos: las motos y las *Harley Davidson*.

-Desde luego, Jim. Oye, ¿vais a estar hasta que acabe el festival o se marchará después de tocar mañana?

-¿Tenéis suficiente dinero para comprar mi moto? Porque, si alguno lo tiene, se la vendo. No sé cuándo nos iremos. Ya sabes, yo sólo soy el tipo que le *saca las castañas del fuego*.

Seguimos así durante horas. Cuando una cosa le *hacía gracia* -y eso era casi siempre algo que él había dicho-, se reía. Pero de repente *se paraba en seco* y miraba si tú también te estabas riendo; si era así, continuaba donde lo había dejado. *De modo que no sacamos gran cosa en limpio.* Y lo peor de todo era saber que Jim Callaham era *lo más cerca de Dylan que habíamos estado nunca.*

Era raro, estar los dos durmiendo en la misma casa. Dylan estaba en el piso de arriba y yo en el de abajo. No podía dormir. Me desperté y bajé a la calle. La puerta del hotel estaba vacía. Parece que hay un momento en la noche en que es demasiado tarde *incluso* para los *cazadores de autógrafos*. El recepcionista me *saludó* al pasar, pero empezaba a mirarme con cierta *desconfianza*.

nevera, armario para mantener fríos los alimentos.
pisada, acción de poner el pie en el suelo.
alfombra, tela gruesa que se pone en el suelo como adorno.
de pronto, de repente.
maldecir, aquí: criticar fuertemente.
procurar, intentar.

80

Cuando volvimos al hotel yo le había regalado a Jim Callaham otra botella de ron.

-Dile a Bob buenas noches y que sea feliz -dije. Jim me miró de una forma extraña, se dio la vuelta y le vi entrar en *el ascensor*. Cuando ya no podía oírme grité, como si de pronto hubiese recordado algo:

-¡Eh, Jim!

El recepcionista había visto y oído toda la escena, así que cuando le pedí, hablando todavía en inglés, el número de la habitación de Dylan, no tuvo ningún problema en dármelo. Los recepcionistas de noche nunca son los más listos del hotel.

Salí a la calle y luego volví a entrar y le saludé en inglés con un acento tan profundo que ni yo mismo sé si dije "buenas noches, amigo" o "me gustaría comprarme una radio". Entré en mi habitación y me bebí una pequeña botella de whisky que había en la *nevera*. Luego volví a salir y fui al piso de arriba. Pensaba que tal vez un guardaespaldas estaría en la puerta, pero no era así. El pasillo estaba apagado y vacío. Me daba la sensación de que mis *pisadas* sobre la *alfombra* podían escucharse a treinta kilómetros de allí. Llegué a la puerta de

móvil

extremo, aquí: final (de una habitación).
mostrar, enseñar, tener.
astucia, capacidad para engañar a otras personas.
impedir, aquí: prohibir.

Dylan. No se escuchaba nada. Me preguntaba qué sería peor, si que apareciera Jim Callaham o que el propio Dylan abriera *de pronto* la puerta. Seguía sin oírse nada. Volví a bajar a mi cuarto y llamé por teléfono a Tess: me
5 *maldijo* en cuanto miró la hora.

-Ojalá estuvieras aquí -dije y luego me dormí pensando cuál podría ser la música de "Dile a Bob buenas noches y que sea feliz".

10 Toda ésta es la historia de antes del día D. Ahora estábamos siguiendo a Dylan por toda la ciudad y *procurando* ir a suficiente distancia de Jim Callaham y el otro. Entraron los tres en una cafetería y pidieron un café. Después se metieron en un restaurante y nosotros fui-
15 mos detrás. El comedor estaba desierto; ellos se sentaron en un *extremo* y nosotros en el otro. Dylan volvió a mirarnos: sus ojos *mostraban astucia* y desconfianza. En su mesa, los únicos que hablaban eran Jim y el otro; Dylan sólo abrió la boca una vez; puso los ojos en Jim Callaham y dijo: no es tan sencillo, tío, no es tan sen-
20 cillo. Luego Jim habló con alguien y través de un *móvil* y volvieron al hotel.

Un cuarto de hora más tarde Jim Callaham estaba

el escritor, persona que escribe libros.
publicar, escribir y editar un libro.
Joyce, escritor irlandés (1882-1941) de cuentos y novelas.
Beckett, escritor irlandés, muerto en 1906, de teatro y novelas.
Wilde, escritor irlandés (1856-1900) de poesía, novelas, teatro...
retirado, aquí: que ya no trabaja.
ensayo, aquí: acción de cantar en privado.
el pase, entrada a un espectáculo sin tener que pagar.
colarse, aquí: entrar sin permiso.
banda, grupo de personas que tocan instrumentos musicales.
escenario, parte del teatro donde se actúa o se canta.
apoyado en, aquí: de pie pero descansando (junto a un altavoz).

82

en la cafetería. Josu y yo nos acercamos a él.

-Hola, espero que no te enfades por lo de antes.

-Bueno, en este país no hay ninguna ley que *impida* a la gente andar por la calle. No me habéis dicho para qué periódico trabajáis...

-No trabajamos en ninguno, Jim.

-¿Y cómo es que habéis venido?

-Sólo para ver a Dylan -dijo Josu-. Es importante para nosotros.

Siguió haciendo algunas preguntas. Cuando le dijimos que éramos *escritores* quiso saber si habíamos *publicado* algún libro; y cuando le dijimos los libros que habíamos publicado nos preguntó cuáles eran nuestros escritores irlandeses favoritos.

-*Joyce* -dijo Josu.

-*Beckett* -dije yo.

-Ah, Joyce y Beckett son realmente buenos. Pero tenéis que leer a *Wilde*; ése sí es un gran escritor. -Ahora el señor Callaham era un profesor de literatura *retirado*.- Wilde es superior a todos los demás.

-Oye, Jim, esta tarde hay un *ensayo*, antes del concierto. ¿Puedes conseguirnos un *pase*?

-¿Para el ensayo? Es difícil. Veré lo que puedo hacer.

El muy cabrón no iba a hacer nada. Evidentemente, Jim Callaham es uno de esos tipos que sólo te dan las cosas que no tienen.

hombro, parte del cuerpo humano de donde salen los brazos.
empujar, hacer fuerza con las manos para mover a alguien.
Dios, figurado, aquí: el cantante Bob Dylan.
No me apetece. No me gusta.
Suavizó su presión. No hizo tanta fuerza contra mí.

83

De todas formas conseguimos *colarnos* en el ensayo. No fue fácil, pero lo hicimos. La *banda* no estaba nada mal. Estuvieron media hora tocando ellos solos. Entonces apareció, detrás del *escenario*. Estaba *apoyado en* un
5   altavoz; los guardaespaldas estaban a su lado. Decidí que había llegado el momento y empecé a subir al escenario. El segundo guardaespaldas se levantó pero, cuando vio que pasaba sin mirarle siquiera, volvió a sentarse. Me alegré. Llegué luego al lado de Dylan.
10   -Me gustaría darte la mano. Lo único que quiero es darte la mano.

Me miró de arriba abajo. Se supone que tiene los ojos azules, pero a mí me parecieron verdes. Me miró de abajo arriba. Luego me dio la mano: sentí que estaba tocando el corazón del mundo.
15   -Oye -dije-, no sé lo que se siente a ese lado de Bob Dylan, pero desde nuestra parte..., bueno, eres maravilloso.

Nos quedamos callados. Jim Callaham me puso una mano en el *hombro*.
20   -Eso es todo -dijo y empezó a *empujarme*. El minuto más importante de mi vida había terminado. Pero, entonces, *Dios* empezó a hablar para mí.

-*No me apetece* ser Bob Dylan todo el tiempo. Ni

---

lanzar un puñetazo, dar un golpe con la mano cerrada.
esquivar, evitar.
Jódete. Popular, aquí: Me alegro de que te moleste.
derrumbarse, aquí: caer al suelo.
sujetar, impedir por la fuerza que se mueva una persona.
arrojar, tirar.
cubo de basura, recipiente donde se echan los restos de la comida etc.
agarrar, sujetar con las manos.

contenedor

siquiera sé muy bien quién es Bob Dylan -dijo Bob Dylan-. Tal vez debería leer alguno de esos libros que se han escrito sobre él.

-No lo hagas -dije. La mano de Jim Callaham *suavizó su presión*-. Tu música está en el fondo de todos mis bue- 5 nos recuerdos y no conozco ningún libro que sea capaz de explicar eso.

Pareció gustarle; sonrió y me observó con cierta simpatía.

-Todo el mundo tiene más recuerdos de los que necesita -dijo y le *lanzó un puñetazo* a su segundo guardaespaldas, quien lo *esquivó* sin problemas. Siguieron con eso un buen rato.

-Ha terminado -dijo Jim Callaham mientras volvía a 10 empujarme. Miré a Dylan una última vez.

-Te amo -dije y, antes de marcharme, añadí-: Gracias, Bob.

Dylan dejó de boxear y miró a Jim Callaham.

-*Jódete* -dije en español al pasar a su lado. Segura- 15 mente Callaham no sabía nada de español, pero entendió muy bien lo que le estaba diciendo.

---

bofetada, golpe fuerte con una mano en la cara.
soltar, dejar libre.
inmediatamente, enseguida.
entusiasmar, alegrar o gustar mucho.

Estábamos en la parte de atrás. Ya había oscurecido y faltaban menos de dos horas para el concierto. Habíamos comprado una botella de whisky barato y estábamos bebiendo cuando vimos a Jim Callaham. Salió
5 por la puerta de atrás y no dijo una palabra. El primer golpe fue para mí: un golpe seco, en el estómago. Me derrumbé. Josu intentó *sujetarle* por la espalda.

-¡Eh, eh! -gritó, pero no le dio tiempo a nada más, porque el gorila le levantó por el cuello y le *arrojó* con-
10 tra los *cubos de basura*. Me levanté, apoyándome en un *contenedor*. Callaham me *agarró* por la camisa. Ni siquiera me dio un puñetazo, sino una *bofetada*. La botella de whisky se rompió contra el suelo. Volvió a levantar la mano.

15 -¡Cabrón! -gritó Cristina-. ¡*Suéltale*!

Callaham me levantó por encima de su cabeza. Después me tiró dentro del contenedor y desapareció.

Cristina y Josu miraron el contenedor.

-No puedo creerlo -dije-. ¡Le he dado la mano a Bob
20 Dylan!

8

Mi madre repite siempre el poema: no vayáis nunca al
25 bosque, porque en el bosque está el bosque. Lo veo una

> *el pez*, animal que vive en el agua.
> *envolver*, cubrir (con un papel).
> *pescado*, pez sacado del agua para comerlo.
> *manchado*, sucio.
> *carnicero*, hombre que vende carne.
> *Es curioso*. Aquí: Es raro.
> *Se va haciendo de día*. Ya hay un poco de luz (por la mañana).
> *dar un paso*, mover un pie hacia delante.

balanza

y otra vez, es semejante a cuando sueñas y algo cae desde el sueño hacia ti. Todavía no voy a abrir los ojos.
Tengo el teléfono en la mano y pienso: algunas noches
son cajas vacías.

La que ha llamado es mi madre y la noticia es que va   5
a casarse. Quiere que vaya *inmediatamente* a su casa.
Cree que a mi padre no le va a *entusiasmar* la noticia y
yo lo creo también. Hay una canción, no sé de quién es,
pero también la cantaba Dylan. Se llama "Tengo más
cosas que olvidar de ella de las que tú nunca sabrás" y   10
la podría haber escrito mi padre, porque de alguna
manera eso es lo que lleva cantándose a sí mismo todos
estos años. La canción es maravillosa pero es mentira:
todo lo que dejas atrás deja de ser tuyo. Pero el viejo
Julen no quiere aceptarlo.   15

Mientras me visto, vuelvo a recordar a mi madre
señalando algún tipo de *peces* y una mujer que los pone
en la *balanza*; luego apunta un número en el papel, con

línea recta, línea más corta entre dos puntos.
la frase de bienvenida, palabras para recibir a alguien con alegría.
hacer leña del árbol caído, figurado: hacer daño a alguien que no puede
defenderse.
el leñador, hombre cuyo trabajo es cortar árboles.
Me dan ganas de... Deseo..., Quiero...
como Dios manda, como debe ser.
dar vueltas, aquí: hablar todo el tiempo del mismo tema.
asustar, causar miedo.

tinta roja, y *envuelve* el *pescado* en ese mismo papel. Todo esto ocurre en el mercado y yo siento miedo de los animales muertos y de las manos *manchadas* de sangre de los *carniceros*. El poema también tiene que ver con el
5 miedo y tampoco sé quién lo escribió, como la canción de Dylan: *es curioso*, a veces las cosas de las que uno no sabe nada son las que recuerda para siempre. El caso es que ahora, mientras camino en dirección a la casa de mi madre y *se va haciendo de día*, no dejo de pensar en
10 ello, una y otra vez: no vayáis nunca al bosque, porque en el bosque está el bosque.

Hay dos cosas que definen a mi madre. La primera es que da la sensación de estar siempre a la misma distan-
15 cia: cuando tú *das un paso* hacia adelante, ella da otro hacia atrás, y al contrario. La segunda es que parece estar convencida de que sólo usando palabras distintas para la misma cosa puede decir realmente lo que quie-re: debe pensar que no se llega a ninguna parte en *línea recta*.
20   -Ahora sería muy fácil hacerle daño -ha sido su *frase de bienvenida*-. Me refiero a que esa historia de *hacer leña del árbol caído* está bien para los *leñadores*, pero no para mí.
    Estamos sentados en su cocina y el desayuno consis-te en una taza de café descafeinado, zumo de naranja y
25 cereales. *Me dan ganas de* bajar a la cafetería de la

pegar, aquí: poner (una foto) en un lugar.
orgulloso (de), contento, satisfecho.
manejar sus asuntos, solucionar los propios problemas.
la oportunidad, ocasión.
estudio, aquí: habitación donde trabaja un artista.
revelar carretes, hacer visibles las fotografías sobre papel.
boda, matrimonio.

esquina y desayunar *como Dios manda*, pero mi madre sigue *dando vueltas* alrededor de sí misma.

-Mira, lo que le ocurre a Julen es que cree que está jugando otro partido; pero no es verdad, no es una cuestión de mejor o peor o bueno y malo; aquí no gana nadie, sólo hay unos que pierden más que otros. 5

Me parece que también ella *está asustada* y cuando la

arco

miro me doy cuenta por primera vez de lo que ha cambiado: tengo la sensación de que las palabras son las de siempre, pero la mujer que las dice es otra. 10

En uno de los cristales ha *pegado* una foto de un lugar que debe ser alguna parte de Florida, el último lugar al que viajaron juntos mis padres. Cuando vuelvo a mirarla, sus ojos están llenos de lágrimas pero sonríe.

La gente que está *orgullosa de* lo bien *que maneja sus* 15

el cumpleaños, aniversario del nacimiento de una persona.
¿Te imaginás? ¿Puedes pensar qué importante es? (Elvis es argentino; los argentinos no dicen, como otros hispanohablantes, 'tú cantas', 'vendes'. 'vives', sino 'vos cantás', 'vendés', 'vivís'.)
cancha, en Argentina, lugar donde se juega al fútbol.
Fernando Redondo, jugador argentino de fútbol.
hacer montajes, hacer una sola fotografía de dos o más.
Central Park, parque en el centro de Nueva York.
novela negra, novela o narración policíaca.
Bukowsky, novelista y poeta norteamericano nacido en 1922.
el gol, en fútbol, cuando se introduce la pelota en la portería del equipo contrario.

asuntos, la gente que nunca ha dejado de avanzar se parece en algo a todos nosotros: a ellos también les da miedo dar un paso atrás. Tal vez mi madre ha estado todo este tiempo viviendo una vida que en el fondo no era la suya y tal vez lo que ocurre es que le da miedo seguir en esa vida. Tal vez mi padre y mi madre podrían incluso tener otra *oportunidad*. "La historia de Julen y Lucía": parece el título de la peor novela, pero me gusta.

El teléfono empieza a sonar. Mi madre habla un rato y luego se ríe y dice: ahora no puedo.

Cuando llego a casa hay una foto de Elvis pegada en mi puerta. Lleva un letrero en las manos que dice: ¡Ven enseguida!

Elvis es argentino y tiene nombre de boxeador sud-americano: Elvis Fernández. Es fotógrafo, tiene un pequeño *estudio* y se gana la vida *revelando carretes* en veinticuatro horas, haciendo fotos de *bodas*, de fiestas de *cumpleaños*, aunque lo que él quiere es vender fotos a los periódicos deportivos.

-¿*Te imaginás?* -dice-. Sería juntar las dos mitades de mi vida en una sola naranja -lo cierto es que Elvis tie-ne una manera un tanto rara de explicar las cosas-. Fijáte: poder entrar en las *canchas* y sentarme al lado del *arco* para hacerle fotos a *Fernando Redondo*.

---

encargar, aquí: pedir.
retrasar, hacer más tarde.
laboratorio, aquí: lugar donde se revelan las fotografías.
líquido, agua y otros productos semejantes.
buzo, persona que trabaja debajo del agua.
un cierto aire a, semejante a.
no tener buen aspecto, parecer enfermo.
suceder, pasar, ocurrir.

pelota

En lo que Elvis es verdaderamente bueno es *haciendo montajes*. Un día me regaló una foto en la que estoy sentado en *Central Park*, y parece como si hubiera estado realmente allí.

Cuando se aburre, Elvis escribe una *novela negra*. En el primer capítulo, el detective está sentado en un estadio vacío, leyendo un libro de *Bukowsky*, y dice: ella era tan bonita como un *gol* de Redondo... Elvis me contó que al final de la novela se descubrirá que los dos tenían razón, el detective y Bukowsky.

De modo que me decido a ir a ver qué quiere, entre otras cosas porque mi madre me ha *encargado* que lleve sus mensajes a mi padre y luego vuelva a contarle qué opino de todo el asunto. No he sabido decir que no, pero prefiero *retrasar* lo más posible el momento de andar de un lado para otro llevando en el asiento de atrás un saco con la cabeza de alguien dentro.

Cuando llego, Elvis está en su *laboratorio*, bajo un foco de luz roja. Hay una foto de una boda y otras copias en un *líquido* que huele a habitación de hospital. Las figuras van apareciendo lentamente sobre el papel como si fuesen *buzos* saliendo de debajo del agua.

Vos dijiste... Tú has dicho... (En Argentina no se usa 'tú', sino 'vos'.)
envejecer, hacerse viejo.
reaccionar, aquí: contestar.
delito, aquí: hecho de matar a una persona, crimen.
quedar fascinado, gustar mucho.
lindo, hermoso, bonito.
el pibe, niño, joven (en Argentina).
nada más verlos, enseguida después de verlos.

-Mirá la novia -dice Elvis, señalando la fotografía grande. Es una rubia de ojos claros y pelo corto, con grandes labios pintados de rosa y *un cierto aire a* Grace Kelly. A su lado hay un niño; está claro que es su hijo y
5 debe tener alrededor de tres años, tal vez dos-. Y ahora, esa otra -continúa Elvis. Es la misma mujer de la boda, unos años después. Está sentada, bajo los árboles de un jardín, y *no tiene buen aspecto*. Da la sensación de estar pensando en algo que *sucede* muy lejos del lugar de la
10 foto. El niño está sentado encima de ella y tiene en la mano una *pelota* amarilla.

-Cinco años en la segunda parte de la vida de Grace Kelly -digo. El aspecto de Elvis parece el de un tipo al que le han dicho exactamente lo que quería oír.

-¡Exacto! La segunda foto es de un carrete que me
15 trajeron ayer. Las de la boda las hice yo hace cinco meses. ¿Entendés? Entre una imagen y otra han pasado solamente cinco meses y *vos dijiste* cinco años.

-Eso está muy bien, tío. Has descubierto a la mujer que peor *envejece* de Europa.

20 -A veces -*reacciona* Elvis- hay una parte de vos muy tonta, digamos alrededor del noventa por ciento. ¿Pero es que no comprendés? Estoy hablando de un *delito*.

-Elvis, tío, que me maten si sé de qué me estás hablando.

Palabra. Aquí: Expresión para afirmar que es verdad lo que se dice.
volverse loco, perder el uso de la razón.
la responsabilidad, obligación de hacer algo.
el crimen, hecho de matar a una persona.
desmejorado, un poco enfermo.
Ross Mac Donald, escritor norteamericano de novelas policíacas.
encantar, gustar mucho.
Chandler, escritor norteamericano (1888-1959) de novelas policíacas.
Hammett, escritor norteamericano (1894-1961) de novelas policíacas.
alejarse de, aquí: separarse de.

-Escucháme la historia desde el principio. Si mirás el álbum de la boda verás por qué yo *quedé fascinado* con esa mujer *linda* y su *pibe nada más verlos*: están en el centro de todas las fotos que hice. Ayer tarde, cuando el marido trajo este carrete, supe que lo había visto antes, pero no recordaba dónde. Cuando empecé a revelar apareció esta foto y al principio tampoco me di cuenta. Pero después busqué en el archivo el carrete de la boda, saqué una copia y puse una mujer al lado de la otra y parecían dos mujeres distintas.

-*Palabra*, Elvis, sigo sin entender nada. Tu trabajo es raro porque consiste en algo parecido a mirar por una ventana dentro de la vida de otra gente. Tal vez *te estés volviendo loco* y creas que tienes alguna *responsabilidad* sobre esas vidas, pero no la tienes.

-¿No querés entender? Es justo un *crimen* lo que tenemos aquí.

-Oye, Elvis, lo único que tenemos son dos fotos de una Grace Kelly local a la que apenas conoces y que en la segunda está un poco *desmejorada*.

-Te equivocás, amigo, no tiene nada que ver con estar desmejorada: en la segunda foto está muerta.

Mi padre está en la parte de atrás de su casa, leyendo una novela de *Ross Mcdonald*.

---

condenar, decidir que alguien reciba un castigo.
arresto menor, privación de libertad por poco tiempo.
convertir sus números rojos en números azules, no tener ya deudas sino ganar dinero.
sentido común, capacidad para actuar razonablemente.
por tu propio bien, para ayudarte.
sorprenderse, extrañarse.
naufragio, aquí: fracaso, falta de éxito en la vida.

-Me *encanta* -dice, señalando el libro-. Puede discutirse si el número uno es *Chandler* o es *Hammett*, pero el que diga que Macdonald no es el número dos, es porque no sabe lo que dice.

-Mamá va a casarse -digo. Me mira un momento y luego mira hacia el interior de la casa, como si estuviese pensando cambiar los muebles de sitio. Tal vez en el fondo siempre ha creído que mi madre *se alejaría de* él lo más posible, pero nunca hasta un lugar donde él no pudiera seguirla. 5

-Mcdonald siempre fue bueno con los títulos -dice. 10

-Me ha pedido que te pregunte si te parece bien vender la casa. El hombre con el que se va a casar es abogado y arreglaría todos los papeles. Cada uno se llevará la mitad del dinero.

-Así que su abogado sería incapaz de encontrar argumentos suficientes para *condenar* a un mes de *arresto menor* a Hitler, pero ella va a *convertir sus números rojos en números azules* con la mitad de mi casa. 15

-Es "vuestra" casa y tú ni siquiera vivías en ella. Creo que habla con *sentido común* y hace las cosas *por tu propio bien*. 20

-Yo me ocuparé de mi propio bien. Dile a Lucía que yo me ocuparé personalmente de vender la casa y darle su cuarta parte. Las otras tres serán una para Rosalita, otra para ti y otra para mí. Puede considerarlo mi regalo de boda. Ésas son mis condiciones y, si no se cumplen, jamás venderemos la casa. Nada de lo que hay dentro de ella me importa un comino. 25

estar de acuerdo con alguien, pensar que alguien tiene razón u obra bien.
letras recortadas, letras cortadas de un diario.
(el) *anónimo*, escrito sin firma.

-Oye, podéis iros los dos al infierno -*me sorprendo* al oír mi propia voz: es la de una persona furiosa, y yo sólo estoy triste-. Yo no necesito la cuarta parte del *naufragio* de nadie.

5   Se queda un rato mirando la foto de Ross Mcdonald.

-Olvídalo -dice-. Sólo pregúntale si *está de acuerdo con* mi manera de ver el asunto. Y dale la enhorabuena de mi parte.

Cuando salgo a la calle voy pensando en la distancia
10 que hay entre todo y nada. Tampoco puedo olvidar la foto de Elvis...

Elvis y yo nos encontramos en su laboratorio.

-Ha venido a buscar el carrete -dice-, más o menos hace dos horas.

15 Delante de él hay una copia de la fotografía. La cara de la mujer no parece tener nada dentro, da la sensación de ser una bolsa de plástico mojada. Sus ojos también parecen vacíos y no están mirando hacia el fotógrafo, sino algo más allá de él; el niño con su pelo-
20 ta amarilla está sentado encima de ella. Veo la foto como si lo que dice Elvis fuese verdad.

-Mira -digo, no sé muy bien si para convencerle a él o a mí-, vamos a bajar a comprar unas cervezas y luego voy a intentar conseguir unas entradas para esta tarde.

25 -Llevaba un traje -dice, aunque no veo qué importancia puede tener eso-. Hoy hace calor. Y también un abrigo azul.

dueña, propietaria.
plata, dinero (en Argentina).
Blow up, film del director italiano Antonioni.
encargarse de, hacer un determinado trabajo.
viejo, amigo (en Argentina).

Nunca le había oído hablar así: parece estar leyendo frases hechas con *letras recortadas*, como las de los *anónimos*.

-He estado pensando -sigue-. Si le hacés una foto a un muerto para que parezca que está vivo es porque no querés que se sepa que está muerto. ¿Te das cuenta? Él la mató. Ella era la *dueña* de toda la *plata*, la casa era de su primer marido -tengo que hacer algo, antes de que los dos nos volvamos locos.

-¡Elvis! Si has descubierto un crimen, díselo a la policía, pero yo no pienso quedarme aquí viéndote hacer de detective toda la tarde.

-Pero la foto...

-Elvis, tío, has visto demasiadas veces *Blow up*, eso es todo. A veces el cine nos hace ver las cosas como no son. Oye, tú *encárgate de* las cervezas y yo voy a buscar las entradas. Vendré a recogerte a las tres.

-Vale, *viejo* -su voz parece la de alguien muy cansado.

Mi madre no está en casa, de modo que me siento en el salón a leer el periódico.

Luego empiezo a andar por la casa. Primero entro en el cuarto de Rosalita y luego en el que tenía yo cuando vivía aquí. Todavía quedan algunas cosas, por ejemplo unas fotos de cantantes, todas del mismo tamaño, recortadas y pegadas encima de cartones de modo que

pasar el balón, en fútbol, dar el balón con el pie o con la cabeza a un compañero.
Laudrup, jugador danés de fútbol.
padrenuestro, oración de Jesús en el evangelio.
llenarse de pañuelos, aquí: estar muy contentos y mostrarlo con pañuelos en las manos.
tener ganas de, desear, querer.
peldaño, en una escalera, cada una de las partes para poner el pie.

97

están de pie encima de la mesa, igual que si fueran un grupo. La foto de Dylan es en color y las otras en blanco y negro. Al otro lado de la ventana están los árboles de siempre y las mismas casas. Puede que sus dueños estén dentro, comiendo lo mismo que hace diez años...

Lo que acaba de hacer es increíble. Primero ha dejado a un par de ellos sentados; luego ha mirado hacia la derecha y todo el mundo ha corrido hacia allí, pero *ha pasado el balón* hacia la izquierda, donde sólo estaba el hombre que él quería. Yo creo que ver jugar al fútbol a *Laudrup* es como oír a Dios rezando un *padrenuestro*. El estadio entero *se ha llenado de pañuelos* y todo el mundo grita: Laudrup, Laudrup... Los jugadores del otro equipo saben que nunca podrán ganarle a un tipo como él.

El único que está sentado es Elvis. Incluso cuando termina el partido sigue allí sentado. Yo estoy junto a él y tampoco logro quitarme de la cabeza la historia que quiero hacerle olvidar a él. Luego pienso en mi padre: algunos hombres pierden a sus mujeres sin quererlo, algunos buscan otros caminos.

Cuando salimos, conduzco hasta la casa de Elvis. Los

---

puesto de peaje, lugar de la autopista donde hay que pagar dinero.

Foreman, boxeador norteamericano.

Metió la derecha. Golpeó al otro con la mano derecha.

Moorer, boxeador norteamericano.

venirse abajo, caerse.

Lince, animal que tiene muy buena vista; aquí: sobrenombre de una persona que se cree muy inteligente.

Se las daba de muy listo. Pensaba que era muy inteligente.

Big George, el boxeador George Foreman.

el terrón de azúcar, trozo duro de azúcar.

petróleo, líquido negro del que se obtiene la gasolina.

de manera que, y por eso.

dos *tenemos* tan pocas *ganas de* hablar que durante todo el camino lo único que se oye en el coche es la música de la radio.

Ahora estoy en un bar, al lado de la casa de mi madre. Veo entrar y salir gente. Algunos están solos y dan la sensación de que su vida es una larga escalera y ellos están sentados en el último *peldaño* de esa escalera. Otros están con alguien y se ríen de algo que hay dentro de sus conversaciones. Vuelvo a pensar en mis padres y también en Elvis y en la foto de Elvis; de alguna manera me doy cuenta de que todos son unos desconocidos, tanto los que conozco como los que no conozco. Es igual que si trabajas en *el puesto de peaje* de una autopista. Los coches se acercan despacio y todas las personas que van dentro tienen una historia que no quieren contar. Sencillamente, se paran junto a ti y sonríen y te dan unas monedas a cambio de tu silencio.

9

Al final, *Foreman metió la derecha y Moorer se vino abajo.* Estábamos todos nosotros y había también un tipo al que llamaban *Lince* y que *se las daba de muy listo.* Antes de aquella derecha, Moorer también se creía muy listo: lanzaba una mano detrás de otra abajo y bailaba alrededor de *Big George;* parecía uno de esos pájaros que viven

el pastel, tarta, dulce.
Kobe, ciudad de Japón destruida por un terremoto.
destrozar, destruir.
cartero, persona que lleva las cartas a las casas.
enterrar, aquí: esconder debajo de la tierra.

99

encima de los hipopótamos. Lince estaba contando su historia.

-Y todavía hubo más. Le dije: Mira, es como si estuviese echando *terrones de azúcar* en una taza de *petróleo,*
5 *de manera que* no tiene sentido.

Cristina y Tess estaban preparando algo en el baño y Josu estaba diciéndole a alguien: "Estoy otra vez al principio, ya sabes."

-Viejo, pegále arriba -le gritó Elvis a Foreman.

10 -Ella y mi padre, bueno, sabes a lo que me refiero, solían sentarse a hablar de los buenos días perdidos en que no tenían que sentarse a hablar de los buenos días perdidos -dijo Lince-. Quiero decir, la gente se siente a veces como los restos de un *pastel* de cumpleaños.

15 Nadie sabía de qué estaba hablando, pero de todos modos Lince dijo:

-Mira, tío, yo sólo bailo lo que toca mi propia orquesta.

-Bueno -le dijo Lennon al Lince-, el mundo está lle-
20 no de tíos que nos pasamos la vida intentando jugar al baloncesto con los pies.

-Arriba, hombre, arriba -dijo Elvis.

-El otro día vi un programa sobre el terremoto de Japón -continuó el Lince-; era la ciudad de *Kobe*, pero
25 no quedaba mucho de ella. Las casas estaban *destrozadas,* los *carteros* seguían llegando todas las mañanas y, bueno,

directo de izquierda, golpe fuerte con la mano izquierda.
gancho, golpe fuerte de abajo arriba.
imbécil, tonto, estúpido.
contonearse, mover el cuerpo de un lado a otro al andar.
de rodillas, con las rodillas en el suelo.
sangrar, echar sangre.
Cayó fulminado. Cayó de repente al suelo.

gato

dejaban los periódicos entre las ruinas; quiero decir, en realidad no lo entiendo y, bueno, me acordé de algo que había leído sobre un poeta griego: metía los poemas que iba escribiendo en botellas vacías y las *enterraba*.

Moorer le dio a Foreman una buena serie de golpes y Foreman dio un paso atrás, de modo que el otro pensó que la puerta estaba abierta y se fue adelante con todo lo que le quedaba. Foreman le metió un *directo de izquierda* y luego un *gancho* con la derecha. Moorer empezó a sentirse como la ciudad de Kobe.

-¡Venga, George, venga! -dijo Elvis.

-¿Y luego volvió a buscarlas? -preguntó Tess.

-Te equivocas -le dijo Lennon al Lince-. No es esa clase de mujer.

-No, tío, eres tú el que se equivoca. Todas las mujeres son esa clase de mujer.

-Cállate -dijo alguien.

-No, hombre, no es así -dijo Cristina-. Funciona con los *imbéciles*, pero no con las mujeres.

Lince fue *contoneándose* hacia ella.

-Mira, chica -dijo-, me parece que estás loca por acostarte conmigo, así que podemos entrar en la habitación de al lado.

Lo siguiente que se oyó fue un ruido parecido al que habría hecho contra el suelo una naranja tirada desde un quinto piso y lo siguiente fue que vi al Lince *de rodi-*

| *a oscuras, sin luz.*

101

llas en la alfombra. Miré a Josu, pero estaba al otro lado de la habitación. El Lince estaba *sangrando* por la nariz.

-Conque Lince, ¿eh? Tú no eres ni un *gato* ciego.

Entonces es cuando vino la derecha de Foreman. Moorer *cayó fulminado*. Todos empezamos a saltar y a abrazarnos, y Elvis no dejaba de gritar: campeón del mundo, campeón del mundo, tíos, campeón del mundo.

Cuando volví a mirar, el Lince había desaparecido. Lennon y Cristina estaban junto a la mancha y él estaba diciendo: "Llegó anoche a su casa y estaba vacía."

Foreman siguió golpeando a Moorer, una y otra vez. Te dabas cuenta de la manera en que todas las luces se apagaban para Moorer, y luego le veías caer hacia su propia sombra, completamente *a oscuras*.

Lennon vino hacia donde yo estaba y dijo:

-Así es como pasa, tío: puede ser un solo golpe, pero la caída dura para siempre.

No sé qué era, pero allí estaba: de repente todo había

cambiado de sitio. Ya sabéis a lo que me refiero: la próxima vez que miras, el río ha empezado a correr en dirección contraria. Mientras conducía a casa, pensaba en Lennon. Dicen que lo bueno empieza cuando ya has perdido todo lo que podías perder, pero no es verdad. Tess seguía con esa historia de las botellas.

-Jamás podré librarme de ella -dijo-; es igual que si el tipo las hubiese escondido en mi jardín.

Cuando llegué a casa encendí la radio: daban el concierto de Bob Dylan en Nueva York. Me puse a grabar las canciones y a mirar las luces de los coches. Por alguna razón, la derecha de Foreman y la caída de Lince me parecían parte de la misma historia, y también las botellas enterradas de Tess.

Luego sonó el teléfono: era el viejo Julen.

-Mira -dijo antes de colgar-, no puedes confiar en un hombre si no puedes confiar en sus sueños.

Dylan y yo nos quedamos en la oscuridad. Volví a pensar en Lennon, y en Elvis, en Laura y Elvira, en Josu, en Rosalita y en Cristina. Pensaba en ellos de una forma rara, como un hombre que puede imaginar un río, pero no una manera de cruzarlo.

Ejercicios y actividades

Capítulo 1

A) Comprensión

1. El padre del narrador no está satisfecho con su vida. ¿Por qué?
2. ¿Qué ocupaciones tiene la madre?
3. En este capítulo hay numerosas expresiones que denotan que los padres no se entienden. ¿Puede encontrar algunas?
4. Busque un título adecuado para este capítulo.

B) Lengua

¿Qué significa...?

1. "Se movía como pez en el agua."
   a) No quería saber nada de los demás.
   b) Sabía solucionar bien todos los problemas.
   c) Sabía nadar muy bien.

2. "Mi padre se derrumbó."
   a) Se puso enfermo.
   b) Se cayó al suelo.
   c) Perdió toda su ilusión.

3. "Tienes que darte prisa."
   a) Debes dejar ese trabajo.
   b) Debes pensarlo bien.
   c) Debes hacerlo enseguida.

4. "Las salchichas habían dejado de apetecernos."
    a) Ya no queríamos comer salchichas.
    b) No teníamos tiempo para comer salchichas.
    c) Era tarde para comer salchichas.

Capítulo 2

A) Comprensión
1. El narrador compara a su amigo Lennon con el talón de Aquiles. ¿Por qué?
2. Explique la frase "Cuando estás abajo las caídas ya no duelen."
3. "Rosalita quería dar la vuelta." ¿Cómo entiende usted esta expresión?
4. El narrador "pondría la mano en el fuego" por su amigo. ¿Qué quiere decir?
5. Busque un ejemplo concreto, o dos, para explicar el dicho "Nunca llueve a gusto de todos."
6. ¿Qué título pondría usted a este capítulo?

B) Lengua
¿Correcto o falso?

	C	F
1. "Interpretar un papel" es entender bien lo que dice un diario.	❑	❑
2. "Mandarlo todo al infierno" no tiene nada que ver con la religión.	❑	❑
3. "Le quedaban meses de vida" quiere decir que estaba muy enferma.	❑	❑
4. "Acabó acostumbrándose" es lo mismo que "no quería hacerlo constantemente".	❑	❑

5. "Se lo tiene merecido": ¿Ha trabajado

mucho para conseguir lo que tiene?   ❏ ❏

Capítulo 3

Preguntas
1. ¿Dónde vivían las dos mujeres de las que habla el narrador?
2. ¿En qué tipo de bares comía el narrador con la primera mujer?
3. ¿Por qué termina su relación con la primera mujer?
4. La segunda mujer compara su propia vida, hasta el momento en que le conoció a él, con "una señal de alarma". ¿Qué quiere decir?
5. Describa a su manera al padre y a los hermanos de la novia.
6. ¿Por qué no quiere el padre de la novia que ella siga con el narrador?
7. El narrador dice de sí mismo que "se sentía el tipo más sucio del mundo". ¿Por qué?
8. Busque un título adecuado para este capítulo.

Capítulo 4

Preguntas
1. ¿Es el padre del narrador un buen negociante? ¿Por qué?
2. Al padre no le gusta el disco que su hijo "había llevado en su honor". ¿Y eso por qué?
3. Se compara aquí la conversación entre padre e hijo con un combate de boxeo. ¿Puede explicar esta comparación?
4. Aunque la música suene muy fuerte, "a veces sólo puedes oírte a ti mismo". Explique esta contradicción.

5. ¿Cómo habla Greta?
6. El padre compara su propio coche con un dinosaurio. ¿Por qué?
7. Greta tiene como casa un coche. Descríbalo.
8. El narrador recuerda en un determinado momento la habitación de su padre. ¿Cómo era esa habitación?
9. Busque un título adecuado para este capítulo.

Capítulo 5

Complete las frases

Complete libremente (puede haber diversas posibilidades) las frases siguientes.

1. Quería llamar Tess a su novia porque...
2. Su hermana pensaba que Tess...
3. Cuando el narrador dice que "los sábados estaban más lejos", quiere decir que...
4. Estaba al final de una calle sin salida, pero...
5. "Los leones volvieron a salir de sus jaulas" se refiere a la familia de Tess, que piensa que...
6. A la hermana de Tess no le gusta nada ese nombre porque...
7. Se oye una voz del contestador que dice...
8. La madre compra vestidos nuevos para su hija. El motivo es que...
9. En el coche Stevenson, el perro...
10. El narrador cuenta mentalmente "hasta un millón" para...
11. Su estado de ánimo es como después de un terremoto, es decir...
12. "Tess es las dos mujeres al mismo tiempo" porque...

13. Un buen título para este capítulo sería...

Capítulo 6

A) Comprensión

1. ¿Qué dice la oferta de empleo que encuentra Israel?
2. Escriba para el periódico esa oferta de empleo.
3. Israel no es un entusiasta de la familia tradicional. ¿Por qué?
4. Tampoco cree en la amistad en general. ¿Por qué?
5. ¿Por qué motivos da Israel sangre a la Cruz Roja?
6. ¿Por qué son peligrosas las bandadas de estorninos?
7. Describa la casa del tío Israel.
8. ¿Qué le lleva al tío Israel a decir que "el mundo está lleno de cosas que a él tampoco le gustan"?
9. ¿Por qué compara Israel al capataz con Eisenhower?
10. En las tiendas "le seguían la corriente" a Laura. Explique esta expresión.
11. Busque un título adecuado para este capítulo.

B) Lengua

¿Correcto o falso?

	C	F
1. Los estorninos cantan muy bien.	❏	❏
2. Israel no quiere cambiarse de ropa para matar a los estorninos.	❏	❏
3. Las amigas también toman parte en el trabajo de los muchachos.	❏	❏
4. Laura, la novia de Israel, compra flores para ponerlas en la casa.	❏	❏
5. Los estorninos suelen llegar por la mañana temprano.	❏	❏
6. Los muchachos no oyen llegar a los		

estorninos hasta que ya están muy cerca. ❏ ❏
7. Los pájaros se marchan y no regresan
hasta el día siguiente. ❏ ❏
8. Los muchachos dedican tres días a ese
trabajo. ❏ ❏
9. El capataz regala a cada uno una gorra
y un mono. ❏ ❏
10. En uno de los armarios quedan al final
todas las escopetas. ❏ ❏

Capítulo 7

A) Comprensión

1. ¿Por qué le regala Cristina a Jim una botella de
ron?
2. El recepcionista del hotel primero desconfía del
narrador y después no. ¿Por qué motivo?
3. ¿Es el recepcionista un hombre inteligente? ¿Por
qué?
4. El narrador llama por teléfono a su novia y ella no
se alegra. ¿Por qué?
5. ¿Qué hacen profesionalmente Josu y su amigo?
6. ¿Por qué no quiere Jim que Josu hable con el
cantante?
7. ¿Por qué motivo pega Jim a Josu?
8. Busque un título adecuado para este capítulo.

B) Lengua
¿Qué significa...?

1. "No nos quitaba los ojos de encima."
   a) Era amigo de nosotros.
   b) No quería saber nada de nosotros.

c) Nos observaba atentamente.

2. "Me interesa un comino."
   a) Es muy aburrido.
   b) Me interesa solamente un poco.
   c) Me interesa muchísimo.

3. "No me hace gracia."
   a) No me gusta nada.
   b) No lo entiendo bien.
   c) No me da las gracias.

4. "Sacar algo en limpio."
   a) Conseguir lo que se desea.
   b) Sacar algo que está limpio.
   c) Limpiar algo que está sucio.

5. "Pararse en seco."
   a) Evitar poner los pies en el agua.
   b) Dejar de hablar de repente.
   c) Ponerse de pie.

Capítulo 8

Preguntas
1. ¿Por qué dice la madre del narrador que no quiere hacer daño a su marido?
2. ¿Qué significa para usted "desayunar como Dios manda"?
3. ¿Por qué quiere la madre del narrador divorciarse de su marido?
4. ¿Con qué proyectos para el futuro sueña Elvis?
5. ¿Por qué cree el narrador que entre las dos fotos de la mujer han pasado cinco años y no cinco meses?

6. ¿Por qué dice Elvis que la mujer de la foto es "la que mejor envejece de Europa"?
7. Elvis opina que la mujer de la foto ha sido asesinada por su marido. ¿Por qué razón?
8. ¿Qué quiere decir el padre con su frase "Mac Donald es el número dos"?
9. ¿Qué piensa hacer el padre con su casa? ¿Y la madre, qué es lo que desea?
10. Describa la habitación del protagonista en la casa de sus padres.
11. ¿Qué título le pondría usted a este capítulo?

Capítulo 9

Preguntas

1. Explique la expresión "la gente se siente a veces como los restos de un pastel de cumpleaños".
2. El Lince habla del terremoto en Japón y considera que allí pasó algo absurdo. ¿De qué se trata?
3. Cada uno de los presentes piensa exclusivamente en sus propios intereses. ¿Qué interesa al Lince? ¿Y a Tess? ¿Y a Elvis?
4. ¿Por qué motivo está el Lince de repente de rodillas en la alfombra?
5. "No puedes confiar en un hombre si no puedes confiar en sus sueños" son las últimas palabras del padre del narrador. Comente qué quiere decir él.